STEVAN PAUL

Monsieur, der Hummer und ich

Geschichten vom Kochen

ROWOHLT TASCHENBUCH VERLAG

Veröffentlicht im Rowohlt Taschenbuch Verlag,
Reinbek bei Hamburg, Mai 2012
Copyright © 2009 by mairisch Verlag
Umschlaggestaltung ZERO Werbeagentur, München
(Fotonachweis: FinePic, München, unter Verwendung eines Fotos
von Stefan Malzkorn, www.malzkornfoto.de)
Satz aus der Minion Pro bei pagina GmbH, Tübingen
Druck und Bindung CPI – Clausen & Bosse, Leck
Printed in Germany
ISBN 978 3 499 62838 2

Für Cathrin

INHALT

Der Tanz der Schlachter 9
Ich bin der Fischmensch 19
Dann sind wir Helden, nur diesen Tag 31
Vorsaison 39
Ich bekochte Wolfram Siebeck 47
Sonntagnachmittagstrinker 59
Sommersprossen 65
Die Bratwurstpalme 73
Der Hummer, Cohn-Bendit und ich 81
Mein Freund Sanghee rettet die Welt 91
Hansen 99
Frau Mosbach lacht 109
Wie das Al Shugaab in den Westen kam 115
Männer wie wir 121
Afrika 129
Begegnung mit Gott 137
Frau Sprotte und der dicke Jensen 145

DER TANZ DER SCHLACHTER

Fettiger Rauch steigt von ungezählten Grillrosten hinauf in die backsteinschwere Mittagshitze, verwirbelt zwischen akkurat gestutzten Hecken. Es ist ganz still hinter den grünen Abgrenzungen, nur die Kinder stürmen ans Gatter, wenn sich die Fremden nähern, winken und lachen. Es ist ja sonst nichts los hier, die rostigen Wippen langweilen, und im Garten welken die Erziehungsberechtigten auf sonnengebleichten Liegestühlen. Von allen Seiten schaut die Stadt herein, Hochhäuser und Baukräne umzäunen das wohlgeordnete Grün, werfen schüchterne Schatten auf die gezirkelten Grasränder und verhalten sich ansonsten still und leise. Kein Ton weht herein, auch die Stadt hält sich an die vorgeschriebene Mittagsruhe zwischen 13:00 und 15:00 Uhr, und das ist mit Sicherheit das Verdienst von Herrn Böhme.

Herr Böhme ist Vorstand des Schrebergartenvereins *Wohlauf 1956 e. V.* und verkündet auf einem in Frakturschrift verfassten Zettel, der in einem verwitterten Glaskasten am Eingang des Vereins hängt, dass die Mittagsruhe unbedingt einzuhalten sei sowie das Rasenmähen, Heckenschneiden, Hämmern und Zimmern an Sonn- und Feiertagen zu vermeiden. Des Weiteren behalte Herr Böhme sich vor, *jederzeit und ohne Vorankündigung eine Gartenbegehung zu machen*! Die Warnung zeigt Wirkung, sauber und gepflegt präsentieren sich die Gärten rechts und links der schmalen Wege, dunkel lasiert glänzen die Miniaturheime in der Sonne, und selbst aus den Heeren der Gartenzwerge tanzt keine Mütze aus der Reihe. Und diese Ruhe! Wenn man stehen bleibt und die Kiesel nicht mehr unter den Schuhen knirschen, dann kann man sogar hören, wie hinter den Hecken Grillwürstchen gewendet werden.

Demis stört lautstark den Mittagsfrieden und sorgt für Orientierung: «Gia sou! Bin ich hier hinten!» Ja, da steht er, Demis, die zweite Generation der großen griechischen Gastronomenfamilie unserer Stadt, winkend hinter einem blau gestrichenen Gatter am Ende des Weges. Er sieht aus, als stünde er in seinem Restaurant, den muskulösen Oberkörper nahtlos eingenäht in ein sehr knappes T-Shirt mit Jeansaufdruck, er trägt weiße Segelhosen mit Bügelfalte zu hellbraunen Slippern. Das schwarze Haar bürstenkurz, seine Augen lachen hinter den Gläsern einer imposanten *Dior*-Brille. Er sieht aus, als gehöre er hier nicht hin.

«Willkommen auf griechische Boden!», brüllt er, drückt meine Freundin fest an sich und zerquetscht mir die Hand. «Kommt ma rein, ist sehr gemudlich, mache ich gleich ma Schlossfuhrung fur euch!» Als Demis uns im vergangenen Winter von seinen Plänen erzählt hatte, Land und Laube in einer Schrebergarten-Kolonie zu erwerben, da hatten wir alle herzlich gelacht, und Demis hatte geschmollt: «Ist doch gute Idee! Komm ich sonst nie raus zu de Natur!» Jetzt staunen wir – in blau-weißem Nationalstolz leuchtet die kleine Hütte mitten im gepflegten Rasengrün. Unter griechischer Flagge wachsen rote Tomaten, grüne Bohnen rekeln sich vor einer warmen Mauer aus weißen Steinen. «Ist naturlich viel Arbeit, die Rasen und die ganze Gemuse auch, aber die Gemuse muss, weil das ist de Vorschrift, jede Garten muss

funfzehn Prozent Nutzpflanzen haben, Tomaten und Bohnen sinde sehr nutzlich, so, konnt ihr euch schoma da hin
setzen, komme ich gleich mit de Fleisch, Grill ist auch schon
fertig, alte griechische Sprichwort sagt: Die Kinder der Ver-
nunftigen kochen, bevor sie hungern!» Demis verschwindet
in der Hütte, wir setzen uns an den verwitterten Tisch in der
Mitte des Gartens, rücken unsere Stühle näher ans Holz,
kleine Lackfalter blättern lautlos in den Rasen. Die Liebste
lächelt mich an, wir schweigen in die Stille. Es riecht nach
Bratwurst. Geräuschvoll zischend fällt ein Tropfen Würst-
chenfett auf die glühende Grillschlange eines Elektrogrills,
wir drehen die Köpfe zum Nachbargarten. Der Elektrogrill
steht auf einem Tisch, der mit einer Wachstischdecke bezo-
gen ist, hinter dem Tisch sitzt ein älterer Herr in einem dun-
kelgrünen Plastiksessel und wendet konzentriert vier dünne
Bratwürstchen, immer von links nach rechts. Das Häuschen,
vor dem der Mann sitzt, ist aus rotem Backstein, eine Flie-
gengittertür öffnet sich, eine ältere Dame tritt heraus, in den
Händen ein Tablett mit Grillsaucen aus dem Supermarkt.
Sie stellt die Grillsaucen auf den Tisch. In einer Reihe, neun
Grillsaucen für vier Würstchen. Der Mann nickt schweigend
den Würstchen zu und wendet sie der Reihe nach, von links
nach rechts. Die Frau verschwindet im Haus.

Eiswürfel klirren, Demis naht mit Ouzo. «Ouzo!», rufe ich
vorfreudig, Demis erstarrt kurz in der Bewegung, guckt ge-
spielt entsetzt, stellt dann zärtlich die Flasche auf den Tisch
und spricht Mahnendes: «Mein lieber Freund! Ouzo trinken
Griechen, ich bin Kreter, wir trinken Raki. Kretischen Raki!
Ist ein lecker Scheißzeug, weil machte Stimmung mit ein-

zwei Glaser schon alle frohlich sehr schnell, dann kannst du nicht aufhoren und dann iste die Holle!» Wie Sirup fließt der Raki über die funkelnden Eiswürfel und verwandelt sich in flüssigen Nebel. «Sag mal, Demis, trinkt man Ouzo, ich mein Raki, trinkt man den eigentlich warm oder kalt?» – «Pass ma auf, das ist so egal, in Griechenland wir trinken zum Essen, warm aus de Schnapsglas, oder kalt mit de Eis. In Deutschland de Leute denke, du bist Alkoholkranke, wenn du drei-vier Schnaps trinkst, darum in Deutschland besser mit Eis und Longdrink-Glas, siehte gesunder aus und passt auch mehr rein, schmeckte aber immer gut, egal wie, oh, da druben ist ja de Herr Bohme, hallo Herr Booohme!» Demis winkt theatralisch. «Jaja», grummelt Herr Bohme, «ich heiße Böhme.» – «Raki?», fragt Demis. «Neinnein!» Herr Böhme winkt ab und wendet sich wieder den Würstchen zu. Die ältere Frau kommt hinzu, in den Händen einen Korb wächserner Aufbackbrötchen. Als sie Demis sieht, verjüngt sie sich vor unseren Augen um mehrere Jahre: «Herr Tsanopoulos!», freut sie sich, und auch Demis strahlt, als habe er eben die schöne Helena gesichtet: «Frau Bohme!» – «Böhme», mault Herr Böhme und sortiert Würstchen. «Frau Bohme, komme Sie ruber, bringe Sie Ihre Mann mit, hab ich hier gute Freunde und kretische Raki!» – «Ach, Herr Tsanopoulos, gerne, aber jetzt essen wir erst mal, mein Mann hat Hunger, aber dann, ja eigentlich, gerne!» Herr Böhme blickt starr ins Nichts, wie ein Reh in die Scheinwerfer eines nahenden Lastwagens.

«Die Deutsche sind bekloppt!», flüstert Demis mir verschwörerisch zu. «Konnen nicht grillen! Erst die Deutsche essen ganz viel Wurstchen, alle verbrannt, weil de Glut noch

Flamme hat, dann ist de Glut perfekt, aber de Deutsche sind satt von de viele Wurstchen. Bei mir gibt keine Wurstchen, bei mir gibt Lammfleisch!» Demis zieht schwungvoll den Deckel von einer Tupperschüssel, rot glänzendes Lammfleisch funkelt unter goldenem Öl mit ganzen, zerdrückten Knoblauchzehen und Zweigen von Rosmarin und Thymian. «24 Stunden Ruhepause. In kretische Olivenol!», erklärt Demis und wirft das duftende Fleisch auf den Grill. «Kretische Olivenol ist weltberuhmt, auch deutsche Firma verkauft kretische Olivenol!» Er stürzt ins Haus und kehrt, eine Olivenölflasche schwenkend, zurück: «Da, Rapunzel! Deutsche Firma! Biologisch! Ah, Moment, hole ich … wie sagt de Deutsche … Sättigungsbeilage.» Lachend verschwindet unser Gastgeber wieder in der Hütte, und diese unglaubliche Ruhe versiegelt unsere Ohren. Wir beobachten die Nachbarn. Herr Böhme scheint beim Kauen zu zählen. 27 … 28 … 29 … 30 … Schluck. Frau Böhme isst ihr Würstchen aus der Hand.

«Klarheit! Einfachheit! Raffinesse!» Demis stellt mit großer Geste zwei bauchige Plastikschalen auf den Tisch und wirft mit Messern und Gabeln. «Wer hat das gesagt?»

Die Liebste und ich zucken die Schultern. «Alain Ducasse! Ist Gott, der Mann, koche ich, wie er sagt! Da, griechische Bauernsalat ist Klarheit und Einfachheit, ist nur Tomate, Gurke, Feta gewurfelt mit den Fruhlingszwiebel, weiße Essig, beste Olivenol aus Kreta, Salz, Weißpfeffer, fertig. Und Raffinesse ist de rote Basilikum mit feinste Geschmack.» Dass mein Lieblingsgrieche ausgerechnet einen der besten Köche der Welt zu seinem Gott erklärt, freut mich, und der Salat überzeugt. Die kühlen Gurkenwürfel krachend dick geschnitten, die saftigen, überreifen Tomaten alleine schon eine Sensation, das Basilikum wie gehaucht, große Kochkunst mit ein paar einfachen Zutaten. In dicken Schlieren schmieren wir uns Skordalia aufs Brot, eine butterglänzende Knoblauchcreme aus gekochten, zerdrückten Kartoffeln, Weißbrot und weich geschmortem Knoblauch, Zitronensaft und Olivenöl. Ein griechischer Klassiker, klar, einfach, raffiniert. Demis trägt die goldbraun gebratenen Lammschulterstücke auf, schneidet mit weichen Bewegungen das duftende Fleisch für uns in dicke, saftige Streifen, schenkt Raki nach. Die künstliche Schrebergartenruhe wird zur andächtigen Stille.

Vor dem blauen Gartentor warten Herr und Frau Böhme. Herr Böhme macht Klopfzeichen in die Luft. Frau Böhme ruft: «Klingelingeling!» – «Ist offen!» Demis wischt sich den Mund ab und eilt den Böhmes mit ausgebreiteten Armen entgegen. Die Arme schließen sich um Frau Böhme, die errötend zwischen griechischen Muskelbergen verschwindet, Herr Böhme räuspert sich, versucht ein Lächeln. «Willkommen, haben wir noch Lammfleisch und Salat und alles!» Demis schiebt die Böhmes an den Tisch. «Nein, danke, Herr Tsanopoulos, wir haben ja schon gegessen!», lächelt Frau Böhme. Demis schüttelt streng den Kopf, wie das sonst nur Eulen aus Athen können, und wackelt mit dem Zeigefinger: «Wieder mal de alte Wurstchen! Hab ich genau gesehen! Und Frau Bohme, was hab ich gesagt? Nennen Sie mich Demis!» – «Gudrun», flüstert Frau Böhme und errötet schon wieder, dann sehen beide Herrn Böhme an. «Böhme», sagt Herr Böhme, sieht zu Boden und resigniert: «Karl.»

«Gudrun! Karl!» Demis gibt den entfesselten Marktschreier. «Jetzt aber mal schnell eine Raki für euch!» – «Ach nein, lieber nicht, wir …» Frau Böhme unterbricht ihren Mann: «Doch, gerne, heute ist nämlich unser Hochzeitstag!» – «Hochzeitstag!» Demis reißt theatralisch die Augen auf. «Wievielte?» – «Zweiunddreißig Jahre!», platzt es stolz aus Frau Böhme, Herr Böhme guckt Löcher in den Rasen. «Ohlala, gut dass ich zwei Flasche Raki habe, hee, Karl, meine Gluckwunsch, musst du gluckliche Mann sein!» Der Gratulant legt einen Arm um Herrn Böhme und fragt mit strengem Blick: «Karl, warst du mal mit de Gudrun in Griechenland?» Karl versucht sich aus der Umklammerung zu lösen, aber er hat keine Chance, schicksalsergeben schüttelt er den Kopf. «Das ist gut! Weil wenn du einmal mit de Gudrun nach Kreta kommst und sieht deine Frau de Schonheit von de griechische Manner, hast du ein Problem!» Fragend sieht Herr Böhme hinauf zu Demis. «Scheidung», sagt Demis sehr ernst. Dann lacht er laut.

Raki wird eingeschenkt, Frau Böhme stößt mit ihrem Mann an, schiebt seinen Hemdsärmel ein wenig nach oben und streichelt zärtlich den weißen Haarrasen, unter dem die sonnenverbrannte Haut rötlich schimmert. «Zweiunddreißig Jahre», flüstert Frau Böhme leise lächelnd in die Eiswürfel. Es müssen schöne Jahre gewesen sein, mit Böhme, dem Brummkopf.

«Raki und Tanz sind eine perfekte Paar!» Demis baut einen gigantischen Ghettoblaster auf dem Tisch auf. «Geht mit Batterie, hab ich besondere Musik fur euch, Chasaposervikos, der Tanz der Schlachter, passt gut zu Grillparty!»

Die Boxen flattern, die Bouzouki schwingt glasklar über einem Chor offensichtlich betrunkener Männer, die fröhlich ihren Zustand besingen, wie mir Demis verrät. Er klatscht dröhnend in die Hände. «Alle aufstehe, mache alle eine T, Schulter von Nachbar fassen, du auch Karl, und gehte los, laufen nach rechts, Musik horen, gehte alles von alleine.» Schüchtern suchen unsere Beine den richtigen Schwung, der Geist Anthony Quinns hakt sich ein und der Raki entpuppt sich als guter Tanzlehrer. «So, jetzt nur noch de Brautpaar!», schreit Demis, den Chor übertönend.

Schwer atmend nehmen wir gehorsam Platz. Die Liebste schenkt sich Raki nach. «Du fährst, er ist mein Freund», sage ich.

«Taxi!», antwortet sie fröhlich und füllt auch mein Glas. Herr und Frau Böhme drehen sich auf dem steinernen Gehweg vor der Laube, sie verlassen die Sirtaki-Pfade, drehen sich plötzlich elegant, gelernt und sicher, die Bouzouki jubelt. Böhmes tanzen Polka.

Demis naht vertraulich: «In Griechenland es gibt ein schone Tradition. Bei Tanzabend kann man Teller kaufen fur besonders gute Tanzer, die Teller schmeißt man dann vor die Fuße der Tanzer. Das ist ein Zeichen von großen Respekt, ist auch teuer, manche Teller kosten zwanzig Euro, ist ein Geschenk fur de Tanzer!» Demis sieht mich grinsend an und klopft mit dem Zeigefinger wie beiläufig auf die Ränder unserer blank gegessenen Teller. Wir verstehen. Gleichzeitig nehmen wir jeder einen Teller in die Hand. «Bin ich am meisten gespannt auf de Gesicht von de Karl», lacht Demis. «Fertig? Eins, zwei, drei … LOS!»

Griechischer Salat und Skordalia

Für 4 Personen

ZUTATEN

400 g mehlig kochende Kartoffeln
Salz
100 g frisches Weißbrot
100 ml Vollmilch
2 Knoblauchzehen
100 g griechischer Sahnejoghurt
80 ml kretisches Olivenöl
Feines Meersalz
Weißer Pfeffer aus der Mühle
4 Zitronenschnitze
1 Salatgurke
4 Tomaten
200 g Schafskäse
2 Frühlingszwiebeln
4 Zweige rotes Basilikum
(ersatzweise grünes Basilikum)

Zubereitungszeit: 20 Minuten

ZUBEREITUNG

1. Für die Skordalia die Kartoffeln in Salzwasser sehr weich kochen, pellen und heiß durch eine Kartoffelpresse drücken.

Weißbrot entrinden, mit der Milch übergießen, ebenfalls durchpressen und mit den Kartoffeln mischen. Knoblauch fein würfeln und mit Joghurt unterrühren. Olivenöl in dünnem Strahl ebenfalls unterrühren. Mit Salz und Pfeffer würzen. Skordalia abgekühlt mit Zitronenschnitzen zum Beträufeln reichen.

2. Für den griechischen Salat Gurken, Tomaten und Schafskäse würfeln, Frühlingszwiebeln in feine Ringe schneiden und mit Essig und Olivenöl vermengen, mit Salz und Pfeffer würzen. Erst vor dem Servieren das Basilikum grob rupfen und untermengen. Den Salat und die Skordalia mit Brot zu gegrilltem Fleisch oder Fisch servieren.

TIPP

Die Skordalia mit Joghurt ist eine moderne Variante der klassischen Skordalia, die üblicherweise nur mit Olivenöl glatt gerührt wird. Der Joghurt macht die Knoblauch-Kartoffel-Creme nicht nur leichter, er verleiht ihr mit seiner feinen Säure auch eine elegante Frische.

ICH BIN DER FISCHMENSCH

Alles muss an seinem Platz stehen, wenn die Gäste kommen, und das ist viel Arbeit. Das Restaurant hat über vierzig Sitzplätze. Oft werden Tische doppelt belegt, die ersten Gäste kommen um acht, die zweite Runde geht dann ab zehn Uhr über die Bühne. Nachts um eins, halb zwei ist meistens Feierabend, und dann haben meine zehn Kollegen und ich ungefähr sechzig Gäste satt gemacht. Jeder hat seine Aufgabe, seinen Platz, seine Verantwortung. Wir haben Köche für die Vorspeisen, Köche für Gemüse und Beilagen, einer brät das Fleisch, ein anderer bringt die Saucen, zwei arbeiten in der Patisserie. Ich bin Poissonnier. Ich bin der Fischmensch. Wenn draußen im Restaurant jemand Fisch bestellt, dann ist es meine Aufgabe, ihn zuzubereiten. Ich brate zarte Bachforellenfilets in schaumiger Butter, gare Steinbutt langsam in würziger Fischbouillon, packe ganze Zander in Salzkruste, rolle Seezungenfilets zu Seezungenröllchen, töte Hummer, breche scharfkantige Austern auf, schwarze Muscheln öffnen sich lautlos im kochenden Weinsud. Ich nicke dem Saucenmenschen zu und dem Gemüsemenschen, sie nicken stumm zurück und wissen, was zu tun ist. Vorne brüllt der Küchenchef Tischnummern über das Topfgeklapper, wir geben ihm, was er braucht, und er fügt alles zusammen, dann verschwindet das Gesamtkunstwerk in den Gastraum, und eine neue Tischnummer hat Hunger.

Alles muss an seinem Platz stehen, wenn die Gäste kommen, und mein Arbeitstag beginnt schon am frühen Morgen. Aus aller Welt werden große Styroporboxen mit ganzen Fischen auf Eis angeliefert. Silberglänzende Lachse aus Norwegen, regenbogenbunte Mahi-Mahi-Fische aus der Karibik, rostfarbene Rotbarben, lebende Aale aus Schleswig-Holstein, manchmal ein ganzer Hai. Ich stehe den ganzen Tag hinter den Styroporboxenbergen, schuppe, zerlege, filetiere die Fische, schneide ihnen mit scharfen Messern die Bäuche auf, die braungelben Innereien ergießen sich auf mein Arbeitsbrett. In großen Fischen finde ich manchmal kleine Fische oder Krebse, noch unverdaut liegen sie in der stinkenden Magenflüssigkeit. Die Aale sterben nebenbei in einer Plastikwanne mit Salz. Das Salz reibt ihnen den schützenden Schleim von den Körpern, dringt in die schwarzen Schlangen ein, brennt, trocknet die Aale aus, zieht Wasser, Schleim und Leben aus den Fischen, die Bewegungen in der Kiste werden langsamer, irgendwann ist Ruhe. Abends, wenn die Gäste kommen, sind die Styroporboxen verschwunden, das Eis geschmolzen, die Tiere liegen sauber portioniert, ausgenommen, in Filets und Medaillons geschnitten auf frischem Eis in meinem Kühlschrank und warten auf gebrüllte Tischnummern. Das Leben und der ganze Schleim sind im Ausguss verschwunden. Die weißen Kacheln strahlen, die stählernen Waschbecken und Arbeitsflächen schimmern in matter Sauberkeit. In meinen Haaren funkeln silberne Fischschuppen, meine Hände sind rau und gerötet und riechen nach Zitronensaft. Mein linker Daumen brennt.

Ich hatte vor zwei Tagen einen Unfall. Dabei verlor ich meine linke Daumenkuppe und einen Großteil des Daumennagels. Mit einem großen Schlagmesser habe ich einen Hummer halbiert, habe das Messer senkrecht in den Hummerkopf gestoßen, bin abgerutscht an Hirn und Panzer und habe Daumenkuppe und Daumennagel abgetrennt von mir. Ich bin nicht ins Krankenhaus gefahren, ich werde hier gebraucht, ich bin der Fischmensch, ich habe hier eine Verantwortung. Als ich vom Verbandskasten zurückkam, war die Daumenkuppe verschwunden. Seit zwei Tagen suche ich meine Daumenkuppe. Ich könnte sie auf frisches Eis legen und nach der Arbeit mit ihr zur Notaufnahme fahren und fragen, ob man sie mir wieder annähen kann. Ich kann sie aber nicht finden. Der übrige Daumen ist mit Pflastern umhüllt, aber das nützt nicht viel. Die Pflaster sogen sich am ersten Tag im Minutentakt mit Blut voll und fielen ab. Am zweiten Tag blutete es nicht mehr so sehr, die Pflaster lösten sich aber immer wieder, im salzigen Eisbad, im trüben Spülwasser, im beißenden Fischschleim. Heute brennt die Wunde sehr stark. Wenn ich in die geöffneten Fischleiber greife, muss ich die Zähne zusammenbeißen, Tränen schießen mir in die Augen. Die Wunde brennt auch unter dem kalten, klaren Leitungswasser, das ich immer wieder über die rosafarbene Stelle fließen lasse. Es bildet sich kein Schorf, es ist ja immer nass, aber das ist sicher ein Vorteil. Wenn ich die Daumenkuppe endlich finde, wächst sie bestimmt wieder mit dem feuchten Gewebe zusammen. Seit gestern reden die Kollegen nicht mehr mit mir. Immer wieder habe ich meine Kollegen gebeten, mir bei der Suche nach meiner Fingerkuppe behilflich zu sein, jetzt reden sie nicht mehr mit mir, sind genervt, ich störe den Ablauf, ich jammere zu viel, ich verstehe das schon. Aber es geht mir wirklich nicht gut. Mir ist heiß. Ich bin so müde. Zweimal schon habe ich mich heute in das große Kühlhaus gelegt und kurz die Augen geschlossen. Im Kühlhaus ist es auszuhalten. Meine Kollegen stört es nicht, wenn ich mich im Kühlhaus hinlege. Ich liege mit dem Kopf auf einem kalten Kissen aus Kopfsalaten und betrachte meinen linken Unterarm. Ich bin nicht tätowiert, weil ich glaube, dass es sehr aufregend sein wird, in zwanzig Jahren nackt über einen Strand zu laufen und die jungen Leute rufen zu hören: «Guck mal da, der Alte, der ist nicht tätowiert, sieht toll aus, oder?» An meinem Unterarm wächst irgendwas, ein schwarzer Strich, ein Tribal, wächst und wächst, immer an den Adern entlang Richtung Armbeuge.

Durch die schwere Stahltür des Kühlhauses dringt nur leise die Stimme meines Chefs zu mir, ich springe auf, gehe hinaus, kehre zurück in den Lärm und die Hitze und höre gerade noch die Bestellung für Tisch fünf. «Der ganze Steinbutt im Sud für Tisch fünf kann.» Ich bin der Fischmensch und komme gerade noch rechtzeitig. Ich bin froh, wo doch die Kollegen sowieso schon nicht gut auf mich zu sprechen sind, dass ich wenigstens zur rechten Zeit an meinem Posten stehe. Der Steinbutt ist groß, wiegt ein gutes Kilo, das ist ein ganzer Steinbutt für zwei Personen. Ich überprüfe noch mal, ob ich die roten Kiemen rückstandsfrei entfernt habe, auf dem Herd kocht die klare Fischbouillon. Der Steinbutt beobachtet mich mit seinen winzigen, schwarzgelben Augen, die eng nebeneinanderliegen. Er folgt meinen Bewegungen, sieht zu, wie ich die schwere Kasserolle aus dem Metallregal ziehe. Die Kasserolle habe ich mit Butter ausgestrichen, da lege ich den Fisch hinein.

«Mir ist kalt», sagt der Steinbutt.

«Das kommt vom Eis», erkläre ich, «gleich wird dir warm.» Ich übergieße den Steinbutt mit dem kochenden Sud und schiebe die Kasserolle in den Ofen. Der Butt brüllt, ich kann es durch die geschlossene Ofenklappe hören. Ich halte mir die Ohren zu, gleich wird er ruhig sein. «Tisch fünf in zwölf Minuten», rufe ich dem Küchenchef zu.

Meine Mutter steht neben mir, greift nach meinem linken Arm. «Das ist keine Tätowierung», sage ich. Meine Mutter lebt in der ständigen Sorge, ich könnte mich tätowieren lassen, dabei habe ich ihr vom geplanten Strandspaziergang in zwanzig Jahren erzählt. Sie glaubt mir nicht; ich sei ein Berufsjugendlicher, und einen Ohrring trüge ich ja schon. Da sei es nur ein kurzer Weg bis zur Tätowierung. Mutter nervt mit ihrem Unglauben an meine Vernunft, nervig auch, dass sie jetzt hier in der Küche herumsteht. Es ist wichtig, ihr zu sagen, dass der Streifen auf meinem Unterarm keine Tätowierung ist. Sie regt sich immer so schnell auf. «Das ist wirklich keine Tätowierung», sage ich noch einmal. Meine Mutter hat Tränen in den Augen.

«Du musst doch ins Krankenhaus, Junge.»

Es ist mir sehr peinlich vor meinen Kollegen, meine weinende Mutter in der Küche. «Das geht schon, ich bin der Fischmensch, ich werde hier gebraucht, außerdem habe ich meine Daumenkuppe noch nicht gefunden.» Meine Mutter weint und weint, das hier ist nichts für sie, die ganze Hitze und der Stress. Ich bringe sie ins Kühlhaus, dort wird es ihr besser gehen.

Alle Tische hungern plötzlich gleichzeitig, und ich habe viel zu tun. Es ist Freitag, da essen alle Fisch. Durch die Ritzen der hölzernen Schwingtür zum Restaurant leuchtet es rot, der Gastraum scheint zu glühen, und wenn die Schwingtür sich öffnet, kann ich hineinsehen. Der Service hat sich heute etwas Besonderes einfallen lassen. Alle Tische sind mit roten Grablichtern geschmückt, es gibt keine Stühle heute, die Gäste stehen dicht gedrängt, es müssen Hunderte sein, sie stehen da und schauen mich an, mit ernsten Gesichtern. Hoffentlich reicht der Fisch, denke ich. Ich bin der Fischmensch, ich bin auch verantwortlich für den Einkauf. Es darf nichts ausgehen, es darf aber auch nichts verderben. Das ist schwierig. Ich schwitze, ich bin müde, ich muss sehr viele Fische braten, es sind Hunderte da draußen. Ich bin für sie alle verantwortlich.

Musik. Musik schleicht sich in den Bratfettnebel. Es ist eine Orgel, sie steht im Kühlhaus, die Melodie ist sepiafarben. Sie erinnert mich an die Gottesdienste, die ich als Kind besuchen musste. Die Musik legt sich wie ein schwerer, nasser Mantel auf mich, drückt mir auf die Schultern, ich bin so müde. Ich lasse die Pfannen los, die Fische krümmen sich in der Hitze, schrumpfen, verbrennen im heißen Öl, schwarzer Rauch wirbelt in Spiralen hinauf und verschwindet in der Dunstabzugshaube. Ich öffne die Tür zum Kühlhaus, drehe mich noch einmal um, sage dem Küchenchef: «Es geht nicht mehr.» Ich gehe hinein und schließe die Tür hinter mir. Es ist dunkel und kalt, eine alte Nonne trägt in ihren Händen ein Licht, das rötlich flackernd die Gemüseregale erhellt. Die

Nonne erinnert mich an meine Mutter, sie hat die Augen meiner Mutter, die Nase und die geschwungenen Lippen meiner Mutter. Mutter. Mutter habe ich seit Wochen nicht gesehen, ich sollte sie mal wieder besuchen, sie macht sich immer Sorgen, ein Besuch beruhigt.

Die Nonne stellt das Licht auf eine Gemüsekiste, bekreuzigt sich und hebt die Hände zum Segen. Ich finde, dass ich jetzt keinen Beistand brauche, ich werde meinem Schöpfer alles selbst erklären und Zeugnis ablegen. Händefuchtelnd gebe ich der Nonne zu verstehen, dass sie hier nicht erwünscht ist. Die Nonne verlässt das Kühlhaus und verriegelt von außen die Tür. Die Stahlzähne der Tür schieben sich in die Wand, dann ist Ruhe. Rot leuchtet der Sicherheitsknopf, mit dem die Tür auch von innen jederzeit zu öffnen ist. Der Knopf flackert, das Leuchten wird schwächer und erlischt. Ich werde bleiben. Mich ausruhen. Ich bin zu Hause. Hier.

Es ist ein Frieden im Eis, die kalte Hülle wärmt mich, ich bin ganz ruhig. Nichts müssen. Keine Anstrengung. Mit dem rechten Auge sehe ich in den schwarzen Frost, mit dem linken Auge, der Decke zugewandt, starre ich durch die dünne Schicht der Eiskristalle, die mich bedecken. Aus der Küche kriecht Licht durch das Bullauge der Stahltür, bricht sich im stählernen Fußboden und wirft Schatten an die Decke, immer, wenn der Fischmensch draußen vorbeigeht. Ich warte.

«Tisch acht, ja, geht los!», ruft der Fischmensch, reißt die Tür auf und trägt mich zurück in die Welt. Seine Hände greifen ins Eis, greifen meinen Körper, er schüttelt Eiskristalle von mir ab und tastet mit der rechten Hand nach dem Messer. Mit der linken Hand drückt er meinen Kopf auf das Küchenbrett, das nach Zitronen riecht, sein Daumen stützt sich unter meinem Auge ab, und ich kann das Pflaster sehen. Der Stoff ist dunkelbraun durchtränkt und hat salzige Ränder. Schwer und nass hängt das Pflaster am Daumen, ich kann auch die Wunde sehen, die Daumenkuppe fehlt, das Fleisch ist ganz weiß an der rauen Schnittfläche. Kleine gelbe Tropfen sitzen in den Wundtälern, und ich sage dem Fischmenschen, dass er jetzt nicht weiterarbeiten darf. Er hört mich nicht. Mit einem einzigen, langen, sanften Schnitt öffnet er mir den Bauch, und alles, was darin ist, wird hinausgesogen, es tut nicht weh, und Tisch acht kann jetzt wirklich, und alle Tische können jetzt, und der Fischmensch hat eine Aufgabe.

Gleich werden sie essen. Und satt werden.

Essen von mir. Satt sein durch mich.

Mehr kann man nicht verlangen.

Vom Lebendigen.

Steinbutt aus dem Ofen

Für 2–4 Personen

ZUTATEN

1 ganzer Steinbutt von 1,0–1,2 kg

3 EL Olivenöl

80 g Möhren

50 g Porree

40 g Sellerie

1 Knoblauchzehe

50 ml trockener Sherry *(Oloroso, wahlweise Fino)*

100 ml trockener Weißwein

400 ml Fischfond

1 Msp. gemahlener Safran oder Safranfäden

Salz

Cayennepfeffer

3 Zweige Estragon

20 g Mayonnaise

80 g Schmand *(Sauerrahm mit mindestens 20 % Fettgehalt)*

½ TL scharfer Senf

1–2 Spritzer Weißweinessig

2 Tomaten

Baguette

Zubereitungszeit: 40 Minuten

ZUBEREITUNG

1. Den Steinbutt gründlich in kaltem Wasser waschen, die Kiemen und Innereien rückstandslos entfernen, Flossenkranz rundum abschneiden. Den Steinbutt erneut waschen, innen und außen trockentupfen und mit der dunklen Hautseite nach oben in eine mit 1 EL Öl ausgepinselte Kasserolle oder einen Bräter legen.

2. Gemüse putzen und in möglichst feine Streifen (Julienne) schneiden, Knoblauch fein würfeln. Gemüse in einem Topf in 2 EL Öl 2 Minuten andünsten. Mit Sherry ablöschen, den Wein zugießen und einmal aufkochen. Mit Fond auffüllen, Knoblauch und Safran zugeben, mit Salz und Cayennepfeffer würzen, aufkochen und über den Fisch gießen.

3. Den Fisch im heißen Ofen, bei 200 Grad (Umluft nicht empfehlenswert), auf der zweiten Schiene von unten 20 Minuten garen. Für die Sauce 2 Zweige Estragon hacken und mit Mayonnaise, Schmand, Senf und Essig glatt rühren. Mit Salz würzen.

4. Tomaten kreuzförmig einschneiden, kurz in kochendes Wasser tauchen, kalt abschrecken und die Haut abziehen. Vierteln, entkernen, Tomatenfleisch fein würfeln. 1 Zweig Estragon grob hacken, beides mischen und beiseitestellen.

5. Den gegarten Fisch mit Hilfe zweier Pfannenwender oder Schaumkellen vorsichtig aus dem Sud heben und mit der dunklen Hautseite nach oben vorsichtig auf ein Brett legen. Die Haut mit einem Löffel abziehen, die Filets ebenfalls mit dem Löffel heraustrennen und zurück in den heißen Sud geben. Die Mittelgräte an Kopf und Schwanz durchtrennen und entfernen, die darunterliegenden Filetstücke ebenfalls

in den Sud geben. (Die Steinbutt-Bäckchen hautfrei heraus-
löffeln und gleich essen!) Tomatenwürfel zugeben und sofort mit der Estragonsauce und frischem Baguette in der
Kasserolle servieren.

DANN SIND WIR HELDEN, NUR DIESEN TAG

Sie müssen wissen, wir waren Helden. Mit gelgestärkten New-Wave-Frisuren stolzierten wir über den Pausenhof der Berufsschule für Nahrungs- und Gastgewerbe, wir waren die Lehrlinge von Monsieur und Monsieur war ein König unter den Köchen. Die *Nouvelle Cuisine* hatte Deutschland erobert, Monsieur war das nicht genug, er kochte euro-asiatisch, trat den Frankreichgläubigen mit ihren fitzeligen Miniaturen jeden Tag in den Hintern. Miso, Wasabi, Mu-Err und Mahi-Mahi, bei Monsieur gab es alles und alles zehn Jahre früher. Kochen, das war für Monsieur ein dringend zu erlernendes Handwerk, nur um dann alles in Frage zu stellen und neu zu arrangieren. Er war der König, wir verstanden uns als Königskinder, eine aufgeblasene Blase aus kulinarischem Halbwissen, jederzeit in der Lage, gestandene Meister mit Referaten über tropische Fische und asiatische Kochtechniken in Verlegenheit zu bringen. Wir hatten die Weiber und unter den Kochkitteln Waschbrettbäuche, wo unsere Mitschüler schon Wampen bildeten, wir glaubten, das bliebe so. Wir schliefen auf unseren Messerkoffern, wenn Landgasthofslehrlinge vor dem Einmaleins kapitulierten und wollten uns nicht mehr einkriegen, wenn jene erzählten, von ihrem Leben mit 380 Gästen an einem Nachmittag, auf der Sonnenterrasse, von Würstchen, paniertem Fisch und Bratkartoffeln. Sie erzählten von 380 Petersiliensträußchen, 380 Zitronenschnitzen, und wenn die Bratkartoffeln aus waren, wurde Kartoffelsalat abgespült, zwischen Küchentüchern trockengetupft und sechs Minuten später, frisch aus der Fritteuse, waren dann doch noch Bratkartoffeln da.

Da schütteten wir uns aus, vor Lachen, vor Ekel, vor Überheblichkeit. Das Wort Zynismus kannten wir nicht, doch wir hatten es drauf, ein Jahrzehnt bevor es in Mode kam, lärmend, laut, ungerecht und oberflächlich. Wir badeten gerne in den Unzulänglichkeiten der anderen.

Helden sind aber nur im Wettbewerb so richtig funky, da strahlt nach außen, was sonst nur matt im Innern der Heldenbrust glimmt. Und eine Mischung aus brummendem Selbstvertrauen und dem Wunsch nach Legitimierung und endgültiger Feststellung unseres herbeigeschwafelten Heldentums ließ uns antreten, den Pokal zu gewinnen, den *Rudolf-Achenbach-Preis Deutschland*. Er gebührt jedes Jahr Deutschlands bestem Nachwuchskoch.

Udo und ich, wir meldeten uns an. Schon beim Ausfüllen des Formulars geschah Erstaunliches. Selbstreflexion. Bin ich so gut? Hoffentlich bin ich wenigstens so gut wie Udo. Bitte, Gott, lass mich auf jeden Fall besser sein als Udo. Zumindest für die Vorausscheidung des Wettbewerbs rechneten wir aber beide fest mit einem triumphalen Doppelsieg!

Bezeichnenderweise beginnt der Weg in den Olymp der unsterblichen Kochgötter Deutschlands ganz bescheiden in der heruntergewirtschafteten Küche der Berufsschule. Jeder Teilnehmer bekommt eine Kochnische zugewiesen, allen stehen die gleichen Produkte und drei Stunden Zeit für die Herstellung eines dreigängigen Menüs zur Verfügung, ich zaubere aus meinem Warenkorb mal eben schnell was Schönes, und die dicke Kuh, zweites Lehrjahr, kann meines Erachtens auch gleich wieder heimfahren in ihren Landgasthof. Petersilienzweige zupfen. Zitronenschnitze schneiden. Ernsthafte Konkurrenz ist nicht auszumachen, die Pickelfresse aus dem Nachbarort hat zwei Koffer dabei, einen mit Messern, den anderen voll mit Gewürzen. Albern. Wirklich. Aber Udo. Arbeitet schon, keine drei Minuten überlegt, ich sehe, er wird als Vorspeise Brokkoli-Mousse servieren. Raffiniert. Ist der blöde Brokkoli schon mal weg. Die dicke Kuh schwitzt, drückt Kartoffeln durch die Presse, Mehl, Ei dazu, sie knetet und … ich glaube es nicht, die macht tatsächlich Kartoffelkroketten! Pickelfresse ist konzentriert, muss er auch, um den Überblick zu behalten, sind ja ganz schön viele Gewürze in seinem Köfferchen.

Ich fange mit dem Dessert an. Ich kann keine Desserts, nur frieren und gelieren. Trauben sind da, ich geliere Trauben in Wein, geliertes Traubensüppchen werde ich das später nennen. Sahne obendrauf. Mit Zimt! Den Brokkoli verkoche ich in Brühe und Sahne, die Suppe wird so grün wie einfallslos. Meine Hände zittern, ich schwitze, und ich weiß, nur der Hauptgang kann mich retten. Rotbarbe gegrillt auf Butter-Kartoffelpüree. Noch fünf Minuten. Scheiße, Sauce vergessen, keine Sauce, keine Sauce, keine Sauce.

Die Jury naht und albert mit der Dicken rum, süß, und ganz toll, sie hat wirklich Kartoffelkroketten gemacht. In Mäuseform. Mit Augen aus Nelken. Und tschüss! Pickelfresse ist fertig: Kartoffelcarpaccio mit Curryvinaigrette. Rotbarbe mit Brokkolischaum souffliert. Crème brûlée mit Portweintrauben. Udo hat Pech, seine Mousse ist nicht fest, zerfließt bis über die Grenzen des Tellerrandes. Meine Brokkolisuppe ist lauwarm und immer noch einfallslos. Und die Schalottenvinaigrette zu meiner gegrillten Rotbarbe ist keine Sauce. Sagt die Jury. Ich ahnte es. Dafür gibt es zum Dessert gleich noch ein Süppchen bei mir: Traubenhälften in saurem Glibber.

Wir standen dann alle in der schmucklosen Aula der Berufsschule für Nahrungs- und Gastgewerbe und die Jury schickte die Pickelfresse mit seinen Köfferchen zur Regionalentscheidung in die Landeshauptstadt. Platz zwei hatte ich nicht kommen sehen. Der Typ aus meiner Klasse, der mit dem Rechenproblem. Platz drei für die frittierten Kartoffelmäusekroketten. Udo und mir gelang der Doppelschlag tatsächlich, staunend landeten wir gemeinsam auf dem vierten Platz. Wir bekamen jeder ein Spargelset aus Blech, eine Platte mit zehn Rillen für zehn Spargelstangen, eine Zange und eine Sauciere, ebenfalls aus Blech. Gesponsert vom Club der Köche Deutschlands, für uns ein Sonderpreis wider die Arroganz. Wir hatten verstanden. Auf dem Parkplatz weinte Udo ein bisschen, während die dicke Kuh, Bronze schwingend, federleicht über den Asphalt hüpfte.

Wir gingen direkt in unseren Lieblingsclub, tranken schon unterwegs auf das Unbegreifliche und schmissen, dort angekommen, wieder und wieder die Teile unseres Sonderpreises an die Betonwand der Diskothek, bis keine Spargelstange mehr irgendwo Halt gefunden hätte und Freddie, der Besitzer, uns reinrief.

«Sacht mal, Jungs, seid ihr matschig? Hört mal auf hier mit Randale, nehmt euern Sperrmüll mit und kommt rein, der Erste geht aufs Haus!»

Ich atmete den Tequila ein, ohne Udo und Freddie zuzuprosten, der DJ spielte Bowie. *Heroes.* Die deutsche Version. Ich beschloss, gleich morgen mit dem Kochenlernen anzufangen.

Rotbarbe mit Meerrettich-Kartoffelpüree und Gurkenvinaigrette

Für 2–4 Personen

ZUTATEN

700 g mehlig kochende Kartoffeln

Salz

2 EL trockener Weißwein

1 EL Weißweinessig

1 TL scharfer Senf

2 EL Fischfond *(wahlweise Gemüsebrühe)*

5 EL Olivenöl

Schwarzer Pfeffer aus der Mühle

Zucker

4 Blatt Borretsch

4 Zweige Pimpinelle

150 g Salatgurke

30 g Schalotten

40 g Butter

80 g Schmand *(Sauerrahm mit mindestens 20 % Fettgehalt)*

100 ml Vollmilch

2 EL frisch geriebene Meerrettichwurzel

(wahlweise 2 TL geriebener Meerrettich a. d. Glas)

8 Rotbarbenfilet à ca. 70 g, geschuppt, entgrätet *(siehe Tipp)*

3 EL Öl

Zubereitungszeit: 40 Minuten

ZUBEREITUNG

1. Kartoffeln in Salzwasser mit Schale sehr weich kochen. Weißwein mit Essig, Senf, Fond und Olivenöl verrühren, mit Salz, Pfeffer und einer Prise Zucker abschmecken. Borretsch und Pimpinelle fein hacken und unterrühren.

2. Gurke schälen, entkernen, das Fruchtfleisch sehr fein würfeln. Schalotte ebenfalls fein würfeln, beides mit der Vinaigrette vermischen.

3. Kartoffeln pellen, mit einer Kartoffelpresse durchpressen und in einem Topf mit Butter, Schmand, Milch und geriebenem Meerrettich glatt rühren. Kräftig mit Salz und Pfeffer würzen, warm stellen.

4. Rotbarben auf der Hautseite dreimal leicht einschneiden. Öl in einer Pfanne erhitzen, die Filets mit der Hautseite nach unten hineingeben und 3 Minuten knusprig braten. Mit Salz würzen, wenden, salzen und noch 1 Minute auf der Fleischseite weiter braten. Mit Kartoffelpüree und Gurkenvinaigrette auf vorgewärmten Tellern sofort servieren.

TIPP

Auf Nachfrage und Vorbestellung bereitet der Fischhändler die Rotbarbenfilets sicher wie gewünscht vor. Das cremige Püree und die würzige Rotbarbe harmonieren sehr gut mit der feinen Säure der Gurkenvinaigrette. Wer möchte, kann noch frisch geriebenen Meerrettich dazu servieren.

VORSAISON

Der kleine, dicke Mann rollt schon mit den Augen, als ich die geweißten Steintreppen zur Terrasse erklimme. Als ich mich dann auch noch an einem der wenigen eingedeckten Tische niederlasse und ihm freundlich zunicke, da schaut er flehend hinauf ins abendliche Azurblau und wirft mir ansonsten schweigend die Speisekarte hin. Ich kenne den kleinen, dicken Mann nicht, ich bin ordentlich frisiert und habe mir, zur Feier des Tages, nach getaner Arbeit sogar ein frisches Hemd angezogen. Ich weiß nicht, warum ich ihm so viel Kummer bereite, aber ich ahne es.

Der kleine, dicke Mann hat kaum noch Haare und trägt zur an sich schon entwürdigenden Ausflugslokal-Kellner-Fliege ein kurzärmliges, weißes Oberhemd. Die kurzen Hemdsärmel stehen stark ab. Es sieht aus, als trüge der kleine, dicke Mann Schwimmflügel. Da wäre ich auch gram mit der Welt. Außerdem übt der kleine, dicke Mann wahrscheinlich schon für den Sommer. Sommer ist, wenn fast alle Tische belegt sind und der Alleinreisende mit seinem Ein-Mann-Hunger zwei wertvolle Sitzplätze okkupiert. Moment mal, wir haben doch schon Sommer, denke ich, während ich die viersprachige Speisekarte studiere. Von den vier Terrassen, die sich stufig über die Felsen zum Meer ergießen, ist aber nur eine geöffnet, und da sitze gerade ich mit mir allein und blicke auf den verwaisten Strand, auf dem sich eben noch Menschen tummelten, an der Bretterbude einen Hot Dog bestellten, um dann mit Sack und Pack den Abendzug nach Barcelona zu nehmen. Ich begreife, da kommt keiner mehr.

«Si!»

Der kleine, dicke Mann winkt drohend mit einem Blöckchen. Ich bestelle Wein, den gibt es hier in praktischen Alleinreiser-Portionen, nur in ganzen Flaschen.

«No!», ruft der Kellner mehrmals, ich habe schon einige Gewächse durch, da gähnt er: «Viña Sol.»

Ach, ja, den nehme ich dann wohl, *Torres,* kennt man ja vom Spanier daheim. Eiskalt ist der trinkbar. Die Essensbestellung wird mürrisch und wortlos notiert, es scheint also ein Koch anwesend zu sein. Der kleine, dicke Mann macht Furzgeräusche mit seinen Lippen, klemmt sich die Speisekarte unter den rechten Schwimmflügel, fasst sich mit beiden Händen an die Brüste und entschwindet.

Dieser Blick: über den Strand auf die gegenüberliegende Bucht, so weit das Auge reicht, bis zu den Häfen der Stadt, umzäunt vom tiefdunklen Abendmeer. Die Berge entlang schlängeln sich winzige Autos und Lastwagen, zwischen Pinien blitzt der Regionalzug rot, verschwindet im Tunnel, pfeift sogar, *Märklin*-Land, und alle fahren nach Barcelona, da steht der Trafo, nur ich bleibe hier in einer Postkarte sitzen.

Der kleine, dicke Mann ist zurück und blafft mich an. Ich verstehe seine Sprache nicht, vielleicht sagt er «gedämpfte Muscheln», vielleicht aber auch «hier, Sacknase!», ich weiß es nicht. Die gedämpften Muscheln wurden über Wasser gedämpft. Wasser. Muscheln. Servieren. Das ist kein Rezept,

40

das ist eine Strafe, ich verstehe. Dem Meer ist es egal, es brandet schäumend zu meinen Füßen, und als ich den Salzstreuer erreiche, ist auch da das Meer, es hat sich eingeschlichen ins Kristall, befeuchtet, verdichtet, abgedichtet. Kein Körnchen lässt das Meer zur Muschel. Der Pfefferstreuer ist mit Sand gefüllt, dickem, dichtem Sand, man könnte Burgen bauen, niemals schärfen. Sehnsüchtig sehe ich hinüber zur Strandbude, grüne Bretter, metallene Schlösser, die Bude ist zu. Der Budenbesitzer sitzt mit seiner Familie zu Hause am Tisch, seine Frau serviert große Schüsseln mit dampfenden Muscheln, im Weinsud gegart, mit Olivenöl, viel Knoblauch, Petersilie und Lorbeer, so wie ihr Mann sie mag, und der Mann lächelt, und die Kinder kleckern auf die dicke Wachstischdecke, und alle lachen. Hot Dog, denke ich.

Mir ist langweilig. Ich schäme mich auch ein bisschen. Sitze hier am Meer, mit Wein, die Brandung schäumt ein Lied, und ich kann es nicht genießen. Es sind nicht die Muscheln, es ist das Teilen. Ich möchte teilen, mit der Frau, ohne die ich nur ein Halber bin. Oft bin ich mir genug, aber hier, auf dieser Terrasse, habe ich schnell genug von mir. Ich reiche mir nicht. Das Fleisch habe ich aus Neugierde bestellt. *Fleischstreifen* stand da, in allen drei Sprachen, die ich halbwegs verstehe. Es kommen drei gigantische Steaks unbekannten Zuschnitts, garniert mit zwei Zucchinischeiben und einer halben Kirschtomate. Das Fleisch ist das zarteste und saftigste, das ich je gegessen hätte. Leider kann ich es nicht essen, denn es schmeckt verbrannt, nach altem Fett, nach gammeligem Kühlschrank. Es ist der Geschmack von eingebranntem Fett auf monatelang ungewaschenen Grill-

41

stäben, es ist der feuchte Muff warm gewordener, schlecht schließender Kühlschränke, deren Dichtungsgummis grün starren. Ergraute Wischlappen, die essigsauer ihrem nächsten Einsatz entgegenschimmeln. Ich füttere die Katzen mit dem Fleisch, schneide es in kleine Stücke, die ich in die Hecke werfe. Die Katzen fauchen und kämpfen um jedes Stück. «Es ist genug da», flüstere ich in die Hecke. Der kleine, dicke Mann schaut böse zu mir herüber.

«Wenn Sie die streunenden Katzen füttern, dann dürfen Sie sich auch nicht beschweren, dass die hier unsere wunderschöne Terrasse bevölkern!», würde er jetzt gerne sagen, ich sehe es in seinen Augen, aber er spricht meine Sprache nicht und ist wohl auch zu müde. Ich bin auch müde, bestelle Kaffee, weil ich nicht weiß, was Schnaps heißt und welchen ich nehmen soll. Zum Kaffee bezahle ich auch gleich, über vierzig Euro für Muscheln, Katzenfutter, Torres, einen Kaffee und eine Flasche Mineralwasser.

Das Meer ist schwarz geworden, eins mit dem Himmel, nur noch an Schaumkronen zu erkennen, die im schwachen Lichterkettengefunzel der Terrasse kurz aufleuchten, bevor sie sich selbst verschlucken. Über Barcelona steigen Ufos in die Nacht, vier, fünf, eine ganze Flotte, Lichter blinken wie ruhige Herzschläge. Die Ufos fliegen nach Frankfurt, nach Hamburg, auf jeden Fall nach Norden, das ist der Weg nach Norden, über dieses Restaurant hinweg, das hatte man mir erklärt. Bevor ich irgendwann das nächste Ufo nehme, werde ich Käse kaufen, Schinken, Thunfisch in Olivenöl, überhaupt Oliven! Ich werde Tomaten kaufen, lila leuchtenden Knoblauch, frisches Brot und alle spanischen Weine hintereinander weg, dann werde ich abends schön … «Sail away, sail away, sail away». Das ist jetzt kein Scherz. Das ist auch nicht lustig. *Orinoco Flow*. Von Enya. Aus geschätzten zwölf Boxen, die sich alle rund um die Terrasse versteckt halten, Dolby surround, «sail away!» Der kleine, dicke Mann macht Musik für mich. Ich sehe ihn im hell erleuchteten Eingang des Restaurants stehen, er beugt sich nach vorne, um mich besser sehen zu können. *Orinoco Flow*. «Sail away!» Von Enya. Respekt. «Ich geh ja schon!», rufe ich ihm zu und winke zum Abschied sportlich. Im Gebüsch kämpfen immer noch die Katzen. War aber auch eine Riesenportion.

Strandbudenbesitzers Muscheln
Für 2–4 Personen

ZUTATEN

1 kg Miesmuscheln
1 Zwiebel
2 Tomaten
3 Knoblauchzehen
10 g Ingwerwurzel
50 ml Olivenöl
Zucker
100 ml trockener Weißwein
1 Lorbeerblatt
100 ml Fischfond *(wahlweise Gemüsefond)*
Salz
Pfeffer
½ Bund glatte Petersilie
3 Zitronenscheiben

Zubereitungszeit: 25 Minuten

ZUBEREITUNG

1. Die Muscheln in reichlich kaltem Wasser waschen, die Bärte abziehen. Offene Muscheln, die sich auch nach mehrfachem Zusammendrücken nicht mehr schließen, wegwerfen. Die Muscheln abtropfen lassen.

2. Für den Muschelsud Zwiebel und Tomaten, Knoblauch und geschälten Ingwer fein würfeln. Olivenöl in einem Topf erhitzen, alles kurz darin andünsten, mit einer Prise Zucker bestreuen und mit 50 ml Wein ablöschen. Lorbeer und Fischfond zugeben und offen 2 Minuten kochen. Mit Salz und Pfeffer würzen, frisch gehackte Petersilie unterrühren, beiseitestellen.

3. Für den Muscheldampf 50 ml Wein mit 100 ml Wasser und Zitronenscheiben aufkochen, salzen und die Muscheln darin zugedeckt 8 Minuten garen.

4. Den Tomatensud aufkochen. Die gedämpften Muscheln in ein Sieb abgießen, das graue Dämpfwasser abtropfen lassen und die Muscheln mit dem heißen Tomatensud vermengen.

TIPP

Dazu schmecken geröstete Weißbrotscheiben aus dem Ofen, mit Olivenöl beträufelt, mit Meersalz und schwarzem Pfeffer bestreut. Auch geröstetes Weißbrot mit Kräuterbutter passt sehr gut dazu.

ICH BEKOCHTE WOLFRAM SIEBECK

Flammen tanzten über den fettschwitzenden Entenbrüsten in der schweren Pfanne und erleuchteten die schweißglänzende Stirn des Rotisseurs, der, geübt wie ein Boxer, dem Feuer auswich, mit der rechten Hand die Pfanne vom Herd zog, mit der linken dicke Butterwürfel in die dunkelrote Weinreduktion fallen ließ, und konzentriert rührte, bis die Würfel geschmolzen waren und die Sauce schimmerte wie roter Samt.

«Das Gemüse! Herrschaften! Wir sind zu langsam! Tisch fünf kann, und die Rotbarben für Tisch acht stehen und werden älter, was ist los mit Ihnen, Herrschaften!»

«Dia Gäääsdee am Disch füüünf, dia fraaagen, wo dia Enden blaid!» Da hing er, betont gelangweilt, am Servicepass und starrte glubschäugig in die Küche, der neue Kellner aus Österreich, arrogant, aufgeblasen und getrieben von der stetigen Sorge um sein Trinkgeld.

«Einfach Schnauze halten, Heinz, und weg vom Pass, das ist zu heiß für dich», riet der Rotisseur mit einem kurzen Blick auf das Männlein, zerrte die vorgewärmten Teller aus dem Rechaud und schob sie zur Hälfte unter die glühenden Schlangen des Grills.

Minuten später waren die Teller angerichtet und auf der einen Seite handwarm. Der Rotisseur griff zu und trug die Teller zum Pass. «Vorsicht, heiß!» Die ihm abgewandten Seiten der Teller hatten unter den Grillspiralen die Temperatur glühender Lava angenommen.

«Tisch fünf marschiert!»

«Des wiad oba auch Zeid!»

Heinz gab sich wirklich Mühe. Ein beherzter Griff. Eine galante Drehung vom Pass weg. Ein großes Augenrollen im Moment der Erkenntnis, und dann ließ er, sehr elegant und variantenreich, den linken Teller einfach fallen, den rechten warf er zügig in die Höhe und starrte in einem Regen aus Entenbrustscheiben und geschnitztem Gemüse schreiend auf seine blasenwerfenden Daumen.

«Mensch, Heinz», seufzte der Rotisseur in väterlich-nachsichtigem Ton, «das dauert aber wieder an Tisch fünf, meine Güte!», und wendete sich der applaudierenden Küchenmannschaft zu: «Herrschaften, schnell, zweimal Entenbrust neu für Tisch fünf. Kann sofort!»

Monsieur bog eilig um die Ecke und wedelte mit einer Reservierungsbestätigung.

«Er kommt!», rief Monsieur, trat in Entenfleisch und Rotweinbutter und blickte irritiert zu Boden. «Heinz, was machen Sie denn da?» Monsieur wischte sich die Sauce von der Schuhsohle, murmelte verärgert «die sind handgenäht!», richtete sich wieder auf, nahm Haltung an und klippte die Reservierung feierlich an die kücheneigene Magnettafel für Extra-Veranstaltungen.

«Wolfram Siebeck kommt!»

Es wurde ganz still in der Küche.

Nur noch die asthmatisch atmende Abzugshaube war zu hören und ein klagendes Wimmern vom Verbandskasten her.

Der Besuch eines Testers wirft die gesamte Küche in einen Modus äußerster Aufgeregtheit, die ich nie verstanden habe. Wir kochten doch auch sonst ganz ordentlich. Doch bei Testeralarm plusterte sich das Amuse-Gueule plötzlich zur Vorspeise auf, jeder Teller wurde zehnfach geprüft, bevor er in den Speisesaal ging, aus dem Nichts tauchten zahlreiche Zwischengänge auf. Verunsicherung pur und 15 Pralinen zum Kaffee.

Der aufmerksame Service eines Sternerestaurants ist immer angewiesen, mögliche Tester zu melden. Allein sitzende Herren mittleren bis hohen Alters, die mit Notizblöcken bewaffnet querbeet essen, sind verdächtig, Testeralarm wird ausgelöst. Auch sehr verdächtig sind Menschen, die darum bitten, die Weinkarte während des Essens am Tisch behalten zu dürfen. Um diese sehr einfachen Regeln wissen auch reisende Geschäftsleute. Sie machen sich einen schönen Abend, spielen Tester und können Höchstleistungen erwarten.

Köche sind aber auch nicht ganz blöd. Es gibt Telefonketten von Haus zu Haus. Ist ein Tester erst einmal wirklich als Tester entlarvt, setzen sich die Köche ans Telefon und informieren ihre Kollegen im größeren Umkreis. Autonummern und Fahrzeugtypen werden durchgegeben, Personenbeschreibungen gefaxt. Die Serviceteams ganzer Landkreise und Bundesländer starten daraufhin die tägliche Rasterfahndung im Restaurant, Karten werden eilig umgeschrieben und die Küchenmannschaft hat für mehrere Wochen Urlaubssperre.

Herr Siebeck ersparte uns dieses für alle Beteiligten entwürdigende Spiel. Nicht aus grundgütiger Freundlichkeit, sondern weil die Nase des Herrn Siebeck einfach zu bekannt ist, um noch im Verborgenen zu schnüffeln. Deutschlands Gourmetpapst war zudem ein ausgewiesener Freund unseres Hauses. Was also sollte schiefgehen?

Hausmeister Wittek hatte Siebeck schon fünf Minuten zuvor in der Garage gesichtet, von dort wählte er die Nummer der Rezeption: «Er ist da!»

Die Rezeptionistin machte sich auf den Weg in die Küche: «Monsieur, Wolfram Siebeck hat das Gebäude betreten.»

Monsieur drehte sich feierlich um und blickte jedem von uns kurz in die Augen: «Meine Herren, er ist da. Sie wissen, was zu tun ist. Wir haben das geübt.»

Oh ja, wir hatten das geübt. Eine Woche war seit Siebecks Reservierung vergangen, die Karte wurde noch am selben Tag umgeschrieben, und seitdem hatten unsere Gäste, egal, was sie bestellten, immer Teile des Menüs auf dem Teller, das Herr Siebeck heute in acht kleinen Gängen serviert bekommen würde. Die Gasherde fauchten, blaugrüne Flammen wurden entzündet, in kupfernen Kasserollen kräuselte sich erwartungsvoll schäumende Butter, schwere Pfannen und Töpfe wurden in Reichweite aufgestellt, duftende Fonds vorsichtig erwärmt, bauchige Weinflaschen geöffnet. Wir waren bereit, wenn Herr Siebeck es war.

Kellner Heinz schlurfte langsam aus dem Restaurant in die Küche und zupfte mitleidheischend an den Pflastern, die seine Daumen umhüllten: «Wießts er wos? I glab am Disch drey, do sitzt an bekonder Desder, Sibagg, hoasd da oda so.»

«Heinz, gehen Sie mir aus dem Licht!», sprach Monsieur und eilte mit zwei eisig beschlagenen Gläsern Champagner hinaus ins Restaurant, um seinen berühmten Gast zu begrüßen. Fünf Minuten später kehrte er mit zwei leeren Gläsern und einer guten Nachricht zurück: «Meine Herren! Wolfram Siebeck ist bester Laune. Und: Er nimmt das Überraschungsmenü!»

Die zwölf Mann starke Mannschaft machte sich ans Werk, präzise fügte sich Handgriff an Handgriff zum kulinarischen Gesamtkunstwerk, jeder hatte seine Aufgabe. Bei Monsieur liefen Salate, Fisch, Fleisch, Saucen und Gemüse zusammen. Monsieur kontrollierte alles mit ruhigem Blick und aufmerksamer Zunge, würzte hier und da noch mal nach, warf dann mit galantem Schwung ein dekoratives Blättchen auf die angerichtete Kreation, rief dazu jedes Mal «Signature du Chef!», und so geadelt machten sich die Teller auf den Weg zu Herrn Siebeck.

Monsieur ließ es sich nicht nehmen, nach jedem Gang ins Restaurant zu eilen. Gemeinsam mit seinem berühmten Gast wurde das eben Verspeiste analysiert, das Ergebnis war erfreulich. Es schmeckte Herrn Siebeck, und eine gelassene Freude und der Stolz auf die gemeinschaftliche Höchstleistung wehten durch die Küche. Wir würden das Schiff schon schaukeln, der sichere Hafen war nah. Nur noch drei Gänge.

Bis zu diesem Zeitpunkt hatte ich freilich nichts zum schmackhaften Erfolg beigetragen, ich muss zugeben, von *wir* konnte keine Rede sein. Mein großer Auftritt sollte erst noch kommen. Gang Nummer sechs, das war meine Aufgabe, ein Fritto Misto von Paprika, Staudensellerie und Zucchini auf leichter Thunfischcreme, begleitet von frittierten

Kapern und einer einzelnen, winzigen La-Ratte-Kartoffel, einer putzigen, nussig schmeckenden Zwergenknolle.

«Siebeck kann! Mach mich nicht unglücklich!», rief Monsieur, und ich legte los. Die Gemüsestreifen wurden in Olivenöl knusprig gebraten, mit hauchdünnen Knoblauchscheiben und jungen Rosmarinzweigen geschwenkt, es duftete herrlich! Ich würzte mit Meersalz und grob zerdrücktem, frischem, schwarzem Pfeffer. So einfach, so gut. Die helle Thunfischcreme strich ich mit einem Löffel kreisrund auf den Teller, ein cremiges Bett für das Fritto Misto. Ich entfernte Rosmarin und Knoblauch, die ihr Parfüm abgegeben hatten, und häufte die würzigen Streifen auf den Teller.

«Herr Siebeck waaartet!», oha, jetzt aber hurtig.

«Kommt sofort», beruhigte ich Monsieur. Neben mir auf dem Herd tanzten zwei Minikartoffeln in kochendem Salzwasser, das taten sie nun schon eine Weile, und ich befand, dass es gut sei. Ich fischte die Kleinere der beiden heraus und ließ sie mit zitternden Händen neben die Thunfischcreme fallen. Hübsch.

Monsieur riss mir den Teller aus der Hand, warf eine frische Rosmarinspitze auf die Köstlichkeit, rief: «Signature du Chef!» und «Seeervice!» Das Fritto Misto verschwand, Monsieur folgte Minuten später. Und kam lange nicht zurück. Durch den Pass starrte ich auf die Schwingtür zum Gastraum. Nach zehn Minuten setzte nervöses Augenzucken ein. Links. Ich starrte einäugig weiter.

Geschätzte sechs Stunden und zwei nervöse Infarkte später, jetzt zuckte auch mein rechtes Auge, vermeinte ich durch die Schwingtür schemenhaft Monsieur zu erkennen. Ja! Er war es, in der Hand einen Teller, darauf eine frische Rosmarinspitze und eine einzelne, winzige Kartoffel. Er kam direkt und schnellen Schrittes auf mich zu. So hatte ich Monsieur noch nie gesehen. Seltsam verändert, blass sah er aus, seine Gesichtszüge schienen erst entgleist, dann verhärtet. Um Jahre gealtert. Er musste Schreckliches erlebt haben. Da draußen. Hinter der Schwingtür.

Monsieur hatte ein starkes Bedürfnis, vom Schlachtfeld zu berichten.

«Mein lieber Freund», hatte Siebeck ihn wissen lassen, «bis jetzt war ja wirklich alles perfekt, aber diese Kartoffel hat für meinen Geschmack doch einen Hauch zu viel Biss.»

Laut und unmissverständlich machte Monsieur mich darauf aufmerksam, dass ich soeben seinen Ruf zerstört und sein Lebenswerk vernichtet hätte, und ich möge ihm doch bitte einmal erzählen, wie er dem Herrn Siebeck die rohe Kartoffel erklären solle.

Mir kam die rettende Idee: «Sagen Sie ihm doch einfach, dass ein Lehrling die Kartoffel gekocht hat.» Ganz still war es in der Küche. Die Kollegen hatten die Arbeit mittlerweile niedergelegt und es sich gemütlich gemacht.

Monsieurs Gesichtsfarbe kehrte schlagartig zurück, dunkelrot durchblutet brüllte er: «Wenn ich dem erzähle, dass er hier von Lehrlingen bekocht wird, bringt er mich um!»

Monsieur pflegte nie die Contenance zu verlieren. Wir erschraken beide. Dann wurde ich entlassen.

Das war es also, das Ende meiner Kochkarriere. Gestolpert über eine winzige Kartoffel, die mir der böse Wolfram in den Weg gelegt hatte. Ich schlurfte in den Keller, setzte mich auf eine Weinkiste, beweinte leise mein Schicksal und den Ruin meines Chefs. Viele Runden schwamm ich im salzigen Tränenmeer, kein Land in Sicht, ich war alleine, das Schiff war gesunken, und ich hatte den Stöpsel gezogen. Wie war es nur dazu gekommen?

Zunächst verfluchte ich die französischen Kartoffelbauern. Züchteten winzige Kartoffeln, die von außen den Anschein rascher Garfreudigkeit erweckten, dann aber hartnäckig meinen Kochversuchen standhielten. Auch Siebeck schien mir plötzlich nicht ganz unschuldig. Dieser schreibende Kochlöffel, hätte er sich halt mal ein bisschen mehr Mühe gegeben beim Essen. Zu faul zum Kauen und schwupp, mal eben zwei Existenzen vernichtet, Monsieur und mich in großes Leid und Arbeitslosigkeit gestürzt. Das war doch wirklich, also, das musste man sich mal …

«Kannst wieder raufkommen!» Kollege Udo hatte mich gefunden, warf mir die Schiffsleiter zu und zog mich an Deck. «Monsieur will dich sprechen.»

Als ich die Stufen hochging und die heiligen Hallen wieder betrat, schien mir die Küche viel heller zu sein und der schönste Ort auf Erden. Ich war wieder an Bord. Und fast hätte ich schon wieder geheult, als Monsieur auf mich zukam. Mit strengem Blick und ernster Stimme verkündete er: «Zu doof zum Kartoffelnkochen, ich werde das in deinem Zeugnis vermerken.»

Dann ging er, um mit Herrn Siebeck einen sehr, sehr alten Rotwein zu trinken. Aufs Haus.

«Fritto Misto» mit Thunfischcreme, frittierten Kapern und La-Ratte-Kartoffeln

Für 4 Personen (Vorspeise für 6–8 Personen)

ZUTATEN

1 Glas Thunfischfilet à 180 g, «naturale», ohne Öl

1 TL scharfer Senf

1 ½ Knoblauchzehen

1 TL abgeriebene Zitronenschale *(Bio)*

1–2 EL Zitronensaft

8 EL Olivenöl

Ca. 100 ml kalte Gemüsebrühe

Salz

Pfeffer

350 g rote und gelbe Paprika gemischt

100 g Staudensellerie

200 g Zucchini

Pro Gast 1–5 La-Ratte-Kartoffeln *(siehe Tipp)*

2–3 Zweige Rosmarin

2–3 EL Kapern

Öl zum Frittieren

Einige Zweige Friséesalat

40 g frischer Parmesan

Zubereitungszeit: 30 Minuten

ZUBEREITUNG

1. Thunfisch in einem Sieb abtropfen lassen, trocken ausdrücken und mit Senf, ½ Knoblauchzehe, Zitronenabrieb und Zitronensaft sowie 2 EL Olivenöl in einen Mixbecher geben. Mit dem Stabmixer pürieren, dabei langsam die Brühe zugeben, bis eine cremige Sauce entstanden ist. Mit Salz und Pfeffer würzen und kalt stellen.

2. Paprika vierteln und entkernen, beim Staudensellerie die Fäden entfernen. Paprika, Staudensellerie und Zucchini in ungefähr gleich lange, mundgerechte Stifte schneiden. La-Ratte-Kartoffeln in Salzwasser bissfest garen.

3. Paprika- und Staudenselleriestifte in einer Pfanne in 6 EL heißem Olivenöl 6 Minuten braten. Zucchini zugeben und weitere 2 Minuten braten. Knoblauch in Scheiben schneiden und mit dem Rosmarin in die Pfanne geben. Nochmals 1 Minute braten und mit Salz und Pfeffer würzen.

4. Kapern abtropfen und zwischen Küchenpapier trocknen. Frittieröl in einem kleinen Topf erhitzen, die Kapern darin 1 Minute frittieren, mit einer Schaumkelle herausnehmen, leicht salzen, und auf Küchenpapier abtropfen lassen.

5. La-Ratte-Kartoffeln pellen. Thunfischcreme mit den Gemüsen mittig auf Tellern anrichten, etwas Frisée aufsetzen, mit Parmesanspänen und frittierten Kapern bestreuen und die Kartoffeln dazulegen.

TIPP

Statt der La-Ratte-Kartoffeln können Sie auch andere klein-
förmige und vorwiegend festkochende Kartoffeln verwen-
den, z. B. Bamberger Hörnchen oder Drilling-Kartoffeln. Als
Vorspeise reichen 1–2 Kartoffeln, wenn das Gericht als
Hauptgang serviert wird, sind 5 oder mehr Kartoffeln denk-
bar.

SONNTAGNACHMITTAGSTRINKER

Am liebsten betrinke ich mich sonntagnachmittags. Wenn es dann noch regnet und die vergangene Nacht in den graukalten Himmel stinkt, dann schlägt meine Stunde. Ich bin Sonntagnachmittagstrinker. Samstagnachtstrinken kann jeder, und was hat man davon außer gekünstelter Fröhlichkeit und schnapsiger Unruhe. Die Nachtstrinker reden wirr um die Wette, immer schriller und lauter, jeder komischen Bemerkung muss eine noch komischere folgen, bis der ganze Abend irgendwie komisch wird.

Sonntagnachmittagstrinken ist eleganter. Ich trinke alleine. Nur mit mir. Ab vier. Ganz langsam. Höre meinen Gedanken zu. Entwickle Ideen, deren Halbwertszeiten manchmal weit über den Montag hinaus reichen. Stelle mich meiner Sonntagsdepression, ach was, ich springe hinein, tauche ein, tauche unter, suhle mich in der Dämmerung des Spätnachmittags, und irgendwann wird aus Suhlen Schweben. Einen Kater bekommt man trotzdem.

Vor einiger Zeit besuchte ich übers Wochenende einen Freund in Berlin. Wir hatten die Nacht schrill und schnapsig verbracht und er hatte mich in tausend komische Clubs geschleppt. Die Menschen rochen muffig wie der bröckelige Mörtel auf den feuchten Kellerwänden. Die Getränke waren lauwarm, der Sound ein schlecht ausgesteuerter Brei aus politisch korrektem US-Hardcore. Als der Morgen endlich graute, lag mein Reiseführer halbtot und kalkweiß auf der Matratze. Gegen Nachmittag ergriff ich die Chance zur Flucht, log, ich müsse einen bestimmten Zug erreichen. Erleichterung auf beiden Seiten der Wohnungstür, als diese ins Schloss fiel.

Ganz Berlin schien halbtot und kalkweiß auf der Matratze zu liegen, an diesem Sonntagnachmittag. Die Straßen waren leer, es nieselte, und ich trug meine Reisetasche Richtung U-Bahn. Irgendwo in einer Seitenstraße hinter dem Nollendorfplatz lief plötzlich eine Bar an mir vorbei, und ich ging hinein. «Is noch zu?»

«Jetzt nicht mehr», sagte der Barmann. Ich setzte mich an den Tresen und bestellte Milchkaffee und Wodka ohne alles. Den Wodka trank ich zuerst, warm explodierten Bauch und Kopf.

«Musik?», fragte der Barmann.

«Was Ruhiges, ja, und noch einen Wodka bitte», antwortete ich und begann zu tauchen.

Nick Cave sang *The Good Son,* dann *Sorrows Child.*

Ich machte Milchschaumberge. Zucker zerstört Milchschaumberge. Krater entstehen. Dabei macht der Milchschaum, wenn man ganz nah rangeht, Brausepulvergeräusche.

Blixa Bargeld griff sich die Stadtzeitschrift vom Vormonat, grüßte den Barmann, setzte sich neben mich an den Tresen, blickte auf meine Getränke-Kombination und bestellte Milchkaffee und Grappa. «Ich nehm dann noch einen Wodka», fügte ich hinzu.

Wenn man Milchkaffee ohne Löffel trinkt, sammelt sich der ganze Milchschaum unten am Tassenboden. Klebt da.

Nur mit dem Löffel zu entfernen. Ich muss an Verpackungs-
aufschriften denken, und dass man eigentlich auf Milch-
kaffeetassen schreiben müsste: *Aus tassen- und milch-
schaumtechnischen Gründen verbleibt stets ein Teilrest des
Milchschaums am Tassenboden.* Ein freundlicher Milch-
kaffeetassen-Hersteller könnte zusätzlich noch aufdrucken
lassen: *Nehmen Sie einen Löffel zu Hilfe.*

Nick Cave singt *The Weeping Song.* Bargeld trinkt seinen
zweiten Grappa, den Milchkaffee hat er noch nicht angerührt.

Wenn man Milchkaffee ganz lange stehen lässt, verdichtet
sich der Schaum und bekommt eine Haut. Wenn dann noch
Kakao drübergestreut ist, sieht das irgendwann aus wie
Milchkaffee-Kotze, denke ich, da wird es Bargeld zu bunt.

Nick Cave singt den *Ship Song,* Bargeld brüllt den Barmann an: «Boaaaahhh, machst du jetzt mal die depressive
Scheiße aus!»

Der Barmann rennt zum Kassettendeck, Cave raus, irgendwas rein, schade, nicht auf die Hülle gekuckt. Langsamer, kräftiger Takt, bam-bam-bam, dann eine tiefe Stimme:
«Young woman share your fire with me», bam-bam.

Sand. Die Neubauten-Version.

«Bist ein ganz Witziger, ja?», fragt Bargeld den Barmann.

Der liest eifrig Kassettenhüllen, dann spielen die Lemon-
heads. Ich muss lachen. Bargeld trinkt einen Schluck Milchkaffee, dann muss er auch lachen. Er sieht zu mir rüber,
schön sieht er aus mit seinem Bart aus Milchkaffee-Kotze,
und wir lachen uns an, wir zwei Sonntagnachmittagstrinker.

Sonntagnachmittagstrinkers Kaffeelikör
Für 500 ml Likör

ZUTATEN

150 g brauner Kandis
1 Zimtstange
2 Sternanis
5 Nelken
5 Pimentkörner
25 Kaffeebohnen
500 ml einfacher Tresterbrand oder Grappa

Zubereitungszeit: 5 Minuten
(+ eine Woche Reifezeit)

ZUBEREITUNG

1. Kandiszucker mit den Gewürzen, den Kaffeebohnen und dem Tresterbrand in eine saubere, trockene, verschließbare Flasche füllen.
2. Den Likör bei Zimmertemperatur in der verschlossenen Flasche mindestens eine Woche ziehen lassen. Wenn sich der Kandis vollständig aufgelöst hat und Gewürze wie auch die Kaffeebohnen zu Boden gesunken sind, ist der Likör servierfertig und mehrere Wochen haltbar.

TIPP

Schon ein kleiner Schuss des Likörs würzt aufs Angenehmste Kaffee oder schwarzen Tee, sein ganzes Aroma entfaltet der Likör, wenn er dafür zuvor leicht erwärmt wird. In dekorativen Glasflaschen mit Schnappverschluss oder Korken angesetzt, eignet er sich auch sehr gut als kleines Geschenk aus der Küche für Gäste oder Gastgeber.

SOMMERSPROSSEN

«Frauen haben in der Küche nichts verloren», sagte der Souschef. «Die nerven nur, sind ständig beleidigt, können keine schweren Töpfe tragen und sind einmal im Monat für eine Woche schlecht gelaunt», wusste der Mann am Fischbrett. «Taugen höchstens zum Pralinendrehen, die Weiber», seufzte der Grillmeister.

«Frauen sind eine Bereicherung für jede Küche, sie fördern den freundlichen Umgang miteinander, sorgen für Ausgeglichenheit, Esprit und sprachliche Umgangsformen jenseits des Neandertals», erklärte Monsieur der Testosteron-Talkrunde und stellte Anna ein.

«Um als Frau in diesem Beruf bestehen zu können, muss man ein Drache sein. Ich bin ein Drache», sagte Anna, schüttelte mir die Hand und warf ihren Messerkoffer auf den Posten. Anna war winzig.

Sie schien in ihrer gestärkten Kochuniform zu versinken. Konturlos, wie eine Schildkröte im viel zu großen Panzer. Ihre Schürze berührte den Boden, beim Gehen waren nur die Rundungen ihrer kleinen Kinderschuhe zu sehen. Ihre flirrende Sirenenstimme krähte Kurzbefehle aus dem weißen Jackenhügelchen. Anna war schön.

Ihre langen, goldenen Haare hatte sie zu einem strengen Zopf geflochten, grüne Augen brannten unter weißen Wimpern, helle Sommersprossen tanzten von der feinen Nase hinüber zu den hohen Wangenknochen. Die schmalen Lippen waren fest und rot. Kein Lippenstift, kein Puder, keine aufgelegten Farben. Das Grün ihrer Augen, das Rot ihrer Lippen, das Blond ihrer Haare waren Farbe genug für Anna. Mir wurde es schnell zu bunt.

Anna hielt Wort, sie war ein Drache, und ihre Flammen schlugen mir täglich ins Gesicht, verbrannten Selbstwertgefühl und gute Laune. Monatelang hatte ich, Lehrling im ersten Ausbildungsjahr, den Posten für die Vorspeisen im Alleingang bewältigt, kunstvoll Salate zu babylonischen Bauten getürmt, beeindruckende Terrinen von Fisch und Fleisch in Technicolor fabriziert, samtige Saucen angerührt, Wachtelbeinchen gefüllt, Mosaike gelegt, Spiralen getröpfelt, Gemüse gewickelt, gestapelt, gerollt und geschichtet. Ich war ein Künstler!

Gut, die Gäste mussten immer lange warten. Okay, es gab auch Beschwerden. Einmal hatte ein Gast den Kampf gegen ein handtellergroßes Salatblatt verloren und die fruchtige Beerenvinaigrette flächendeckend auf seinem Anzug verteilt. Hier und da wurde auch über sandigen Feldsalat geklagt. Meine Stopfleber-Mousse war so zart und luftig wie eine Scheibe Bierschinken. Das Dillgelee der Krabbensülze hatte ich versalzen; meinen Einwand, es schmecke doch wunderbar nach Seeluft, ließ Monsieur nicht gelten.

Unter Annas Regie lernte ich Feldsalat mit dem Pinsel zu putzen. Wortkarg kontrollierte sie das Ergebnis, und ich durfte von vorne beginnen. Gerne auch stundenlang. «Das hängt von dir ab», sprach der Zwerg. Ich durfte auch Petersilie hacken, Schnittlauch schneiden, Zwiebeln pellen, Tomaten häuten und Erbsen zählen. Den Rest erledigte Anna schnell, ruhig, präzise und mit dem absoluten Gaumen.

Während der Servicezeiten, befand der Drache, würde ich nur im Weg stehen. Mit Scheuerlappen und heißem Seifenwasser ausgestattet, gehüllt in drei Kochjacken übereinander, putzte ich das Kühlhaus. Zweimal am Tag schrubbte ich die Kühlkammer und alle dreißig darin befindlichen Regale. Bei einer gefühlten Temperatur von minus zehn Grad hatte ich jeweils zwanzig Minuten Zeit, meine Berufswahl, meine Gefühle als Mann und mein Verhältnis zu kleinwüchsigen Drachen zu überdenken. Anna zeigte mir, dass ein Kühlhaus Ecken hat. Auch ganz unten und ganz hinten. Dort entdeckte ich eine Flora und Fauna, wie ich sie noch nie gesehen hatte. Mit einer Zahnbürste löschte ich alles Leben in den Ecken. Aus der Küche hörte ich dumpf ihr schrilles Stimmchen kreischen: «Tisch zwei steht schon ewig, Tisch acht und neun sind fertig, Tisch vier kann!»

Sonst war es sehr still geworden. Monsieur hatte recht behalten. Der zotige Witz, ein gern gesehener Gast im Männerrund, war ausgestorben. Die üblichen Liebeserklärungen, ein herzliches «Fick dich!», ein fröhlich geschmettertes «Selber, du Arschkrampen», all das war Vergangenheit. Die Gesellen umkreisten schweigend wie Satelliten den unbekannten blonden Planeten, auf der Suche nach Spuren weiblichen Lebens unter der Kochjackenoberfläche.

«Wir züchten Sprossen!», bestimmte Anna und baute ein rundes Plastikaquarium mit vielen löchrigen Stockwerken auf. In jedes Stockwerk streute sie unterschiedliche Körner, Bohnen und Keime, setzte einen Deckel auf die Konstruktion und erklärte mir genau, wie und wann ich unser Miniaturgewächshaus zu wässern hätte.

Eine Vorspeise auf unserer Speisekarte, ein Gurken-Rettich-Salat mit Sprossen, asiatisch gewürzt mit Ingwer und heller Sojasauce, serviert mit chilischarfer Sesamvinaigrette und knusprigen Entenfleischspießen, krankte an der Qualität der gelieferten Sprossen. Anna hatte Monsieur vorgeschlagen, selbst Sprossen zu züchten und sie ganz frisch, erst bei Bestellung zu ernten. Monsieur war begeistert. Drei Tage lang goss ich die Saat gewissenhaft, immer wieder warf ich auf dem Weg zum Kühlhausputz oder zum Salatwaschbecken einen Blick ins trübe Sprossenaquarium. Reglos blickten die Keimlinge zurück. Nichts geschah.

Am vierten Tag klopfte ich gelangweilt gegen den Plastikturm, sah auf Anna hinunter und erlaubte mir eine kurze Zusammenfassung der letzten Tage: «Da wächst nichts, Anna.»

«Sei nicht so ungeduldig, das wächst schon.» Und dann: «Ich habe zu Hause ein großes Sprossenbuch, wenn es dich interessiert, komm doch nach Feierabend kurz mit zu mir, ich zeig dir das.» Ich musste grinsen. Fremde Zungen sprachen aus mir: «Toll, und ich zeig dir meine Briefmarkensammlung!»

«Da hätte ich nichts gegen», sagte Anna. Ich grinste nicht mehr. An diesem Abend putzte ich das Kühlhaus nach Feierabend noch mal. Sehr gründlich. Sie würde einfach gehen. Ohne mich. Ich müsste nur noch eine Weile warten, hier in meinem kalten Versteck. Die Kühlhaustür öffnete sich. «Komm! Wir gehen.»

Mist.

Sie wartete vor dem Personaleingang auf mich. Anna wohnte nur ein paar Schritte vom Restaurant entfernt in einer kleinen Pension. Sie hatte sich nicht umgezogen. Schweigend gingen wir über den sommernachtleeren Marktplatz. Schweigend kletterten wir die schmalen Stufen zu ihrem Zimmer hinauf. Schweigend öffnete sie die Tür. Das Zimmer war winzig, selbst für Anna schien es zu klein. Es roch nach altem Frittierfett. Durch grobporige Lappen, die einmal Vorhänge gewesen sein mussten, leuchtete gelblich ein Wienerwaldschild. Anna machte Licht. Die Glühbirne erhellte schlammgrüne Wände, einen Stuhl, ein Bett, einen Schrank, einen Nachttisch. «Schön hast du es hier», log ich. «Wenn ich eine neue Stelle antrete, suche ich mir immer erst dann eine Wohnung, wenn ich mir sicher bin.» Anna zog ihre Kochjacke aus und warf sie über den Stuhl. Sie öffnete die Schranktür. Ein Kasten Bier darin, zwischen ein paar Klamotten und einem erstaunlichen Stapel akkurat gefalteter Kochjacken mit blauen Knöpfen. «Bier», sagte Anna und reichte mir eine warme, braune Flasche. Das war ein Befehl. Ich nickte. «Setz dich!», sagte sie und zeigte mit ihrer Bierflasche aufs Bett.

Ich trank das warme Bier sehr schnell. Anna kickte ihre Kinderbirkenstocks unter das Bett, setzte sich neben mich, schüttelte sich die blau-weiß karierte Kochhose von den Beinen und zog die weißen Socken aus. Die winzigen Füße waren weich geschwungen, mit Zehen wie Perlen und kleinen Zehennägeln aus Perlmutt. Samtene, muskulöse Beine. Ein weißer Slip. Der flache Bauch hob und senkte sich, ganz ruhig. Kleine Brüste unter einem straffen Feinripp-Unterhemd. «Prost!», sagte Anna, lehnte sich an mich und trank einen kräftigen Schluck. Sie roch nicht nach Küche. Sie roch nicht nach Arbeit. Sie roch nach Seeluft.

«Das Sprossenbuch!», rief ich laut, in warmem Bier und

wohliger Verwirrung ertrinkend. «Später», entschied Anna, spreizte ihre Beine und nahm mir die Bierflasche wieder ab.

Ich durfte nicht bleiben. Schweigend zog ich mich an. Schweigend zog Anna die Bettdecke über ihren Körper. Wir verabschiedeten uns wie Kollegen.

Am Morgen erschien Anna nicht zur Arbeit. Nach dem Mittagsservice schickte Monsieur mich über den Marktplatz, um in der Pension nach ihr zu sehen. Ich sprach mit dem Wirt und glaubte ihm nicht. Ich forderte den Zimmerschlüssel, rannte die schmalen Stufen hinauf. Ein Stuhl, ein Bett, ein Nachttisch, ein Schrank. Hier wohnte niemand. Es roch nach altem Frittierfett.

«Bezahlt hat sie aber», sagte der Wirt, als ich den Zimmerschlüssel zurückbrachte, «und das hier hat sie dagelassen.» Umständlich stemmte er einen Kasten Bier auf den Tisch. Zwei Flaschen fehlten. Obenauf lag das große Sprossenbuch. Ich öffnete es, und da, gleich auf der ersten Seite, stand in fein geschwungenen Linien:

Lieblingslehrling, hat nichts mit Dir zu tun! Es ist mir nur zu leise in Eurer Küche. Ich umarme Dich,

Anna

PS: Alles über die Wachstumsdauer der Sprossen findest Du auf Seite 24. Gießen nicht vergessen!

Gurken-Rettich-Salat
mit Sprossen und Entenbrustspießen
Für 4 Personen

ZUTATEN

120 g Salatgurke

120 g weißer Rettich

350 g Entenbrust

6 EL helle Sojasauce

1 Knoblauchzehe

10 g geschälte Ingwerwurzel

3 EL flüssiger Honig

2 EL Sherryessig

4 EL Olivenöl

Salz

Cayennepfeffer

1 EL geschälte, weiße Sesamsamen

100 g reife Mango

100 g Erbsenspargelsprossen *(wahlweise Sojasprossen)*

6 EL Öl

1 Beet Raukesprossen *(wahlweise grüne Daikonkresse)*

1 EL Knoblauchsprossen *(wahlweise Alfalfasprossen)*

Zubereitungszeit: 35 Minuten

ZUBEREITUNG

1. Gurke und Rettich schälen, in feine Scheiben schneiden und salzen. Beiseitestellen. Entenbrust erst vom Fett befreien, das Fleisch in acht Längsstreifen schneiden und auf acht Holzspieße fädeln. 4 EL Sojasauce mit fein gewürfeltem Knoblauch und frisch geriebenem Ingwer verrühren, das Fleisch damit marinieren und beiseitestellen.

2. Honig mit 2 EL Sojasauce, Sherryessig und Olivenöl cremig rühren, mit Salz und Cayennepfeffer würzen. Sesam in einer Pfanne ohne Fett rösten und unter die Vinaigrette rühren.

3. Mangofleisch fein würfeln. Die Erbsenspargelsprossen in einer Pfanne in 2 El Öl 2–3 Minuten braten, mit Salz würzen, Mango untermengen.

4. Gurken- und Rettichscheiben Carpaccio-artig auf Tellern auslegen, gebratene Sprossen mittig anrichten, rundherum die Rauke- und Knoblauchsprossen streuen.

5. 4 EL Öl in einer Pfanne erhitzen, die Entenspieße darin 6–8 Minuten braten, nicht salzen. Je zwei Entenspieße auf den gebratenen Sprossen anrichten und alles mit der Vinaigrette beträufeln.

TIPP

Statt Entenbrust kann auch Hähnchenbrustfleisch verwendet werden.

DIE BRATWURSTPALME

Am Dienstag, dem 24. Februar 1987, verließ ich den amerikanischen Sektor, um in Ostberlin zwei Bratwürste zu essen. Geplant war eigentlich nur eine. Ich hatte erfahren, dass es gleich hinter dem antifaschistischen Schutzwall auf offener Straße die besten Bratwürste gäbe, dort *Roster* genannt. Unser Geschichtslehrer, Herr Kramer, ein cholerischer Kölner, strafversetzt, so munkelte man, ins moorumschlungene christliche Internat tief im Süden der Republik, hatte uns vor der geplanten Klassenreise nach Berlin davon erzählt. Er erzählte auch von der bitteren Armut im anderen Deutschland, diesem *Unrechtsstaat,* wie er es nannte. Bei dem Wort *Staat* grinste er gequält, schlug die Augen gen Klassenzimmerdecke, um uns atemlos weitere schonungslose Details zu enthüllen, mit rotem Kopf und pulsierenden Halsschlagadern. Nix zu Essen gäbe es da, bellte er, mal fehle Brot, mal Fleisch, Gemüse gäbe es nur aus der Dose, und während seines Vortrages über die Unmöglichkeit, dort Südfrüchte zu kaufen, brach Herr Kramer theatralisch über dem Pult zusammen: «Matsch und Gammel, sagen die ja selber!»

Irgendwo in diesem Vortrag fiel auch das Wort *Roster* und ich war fasziniert. Ich beschloss, die Nöte der werktätigen Bevölkerung der DDR am eigenen Leib zu erfahren. Ja! Ich würde Roster essen, wenn nötig auch mit ohne Brot!

Auch sonst hatten uns Herr Kramer und die Schulleitung bestens auf den eintägigen Ausflug nach Ostberlin vorbereitet. Ein Brief an die Eltern der Klassen 10 a und b sollte Ungemach und unschönen Zwischenfällen vorbeugen. Es wurde gebeten, die Töchter und Söhne noch einmal ins Gebet zu nehmen, leise und demütig plane man den Gang durch Ostberlin, und die Kleiderordnung sei unbedingt einzuhalten! Zu vermeiden seien auffällige Kleidung, Markenware, Jeans jeder Art und insbesondere die damals so beliebten T-Shirts der Firma Diesel, mit aufgedrucktem Indianerkopf, die also wirklich nicht. So viel Markenbewusstsein rührte uns, das hatten wir der Schulleitung nicht zugetraut, und wir standen lange und ratlos vor unseren Kleiderschränken.

Wir sahen aus, als hätten wir uns für anstrengende Gartenarbeiten mit Erdaushub zurechtgemacht. In farbfreien Pullovern und abgeraspelten Cordhosen, die wir von unseren Vätern entliehen hatten, präsentierte sich der Klassenfeind am 24. Februar 1987 den Grenzern. Leise und demütig schob ich meinen Pass und 15 DM unter der dicken Glasscheibe durch, lächelte freundlich, erhielt einen schmucken Stempel in den Pass und nahm die Landeswährung in Empfang, die ich komplett in Bratwurst anzulegen gedachte. Drinnen wimmelte es von Bratwurstbuden.

Ich ließ mir Zeit. Dem Geschmack unserer hungernden ostdeutschen Brüder und Schwestern vertrauend, hielt ich Ausschau nach der Bude mit der längsten Schlange. Auf dem Alexanderplatz schlug meine Stunde.

Ich sah den Bratwurststand mit einer wirklich ausgewachsenen Schlange, rief Herrn Kramer zu: «Ich hol mir 'ne Wurst!», rannte los und stellte mich an. Ich versuchte, möglichst unauffällig und souverän zu warten. Das ist schwer, wenn einem dabei dreißig in Altkleider gehüllte Westdeutsche zusehen. Wir warteten. Ich in der Schlange, die Reisegruppe in zehn Metern Entfernung. Zwischen dem Grau und Braun der Mitschüler leuchtete ein Farbtupfer, der rote Zornkopf des Klassenlehrers. Er versuchte, leise und demütig zu bleiben, während er die verbliebene Herde umrundete wie ein Hirtenhund mit nervösem Tick. Seine Halsschlagadern schimmerten bläulich und waren dick wie Nürnberger Rostbratwürstchen und die Augen blieben auf den Ausreißer geheftet. Ich winkte ihm entschuldigend zu, und als ich an der Reihe war, murmelte ich leise und demütig: «Roster, bitte.»

Gerne hätte ich dem freundlichen Rostergriller präzisere Informationen gegeben, doch erst kurz vor dem Grill, ich spürte schon die Hitze der Kohle, fiel mir auf, dass ich keinen Schimmer hatte, ob es jetzt der oder die Roster heißt, einen oder eine Roster. Das Geschlecht der ostdeutschen Bratwurst, bemerkte ich beschämt, war mir gänzlich unbekannt! So murmelte ich meine Bestellung geschlechtsneutral, der freundliche Grillmeister verstand und reichte mir eine Bratwurst. Sogar mit Senf. Brot schien es auch gerade zu geben, und ich steckte nach dem Bezahlen erstaunt fast meine gesamte Reisekasse wieder ein. Günstig! Direkt am Grill biss ich in die Wurst, heißes Fett spritzte zwischen würzigen, groben Fleischstücken hervor, sogar ganze Senfkörner waren in der Wurst zu entdecken, sie schmeckte pfeffrig scharf, mit dem kräftigen Raucharoma der offenen Glut, der Senf neben der Wurst brannte bis in die Nase hinauf. Herr Kramer lehnte meinen solidarisch angebotenen Probier-Bissen ab, es gäbe doch gleich Mittagessen und außerdem heute Abend Ärger für mich. War mir Wurst.

Nach einem längeren Marsch – gut, dass ich eine Wegzehrung erstanden hatte – stoppte die Reisegruppe vor einem *Mitropa*-Restaurant. Herr Kramer erklärte, wie schwierig es gewesen sei, hier einen Tisch für uns zu reservieren, ein Mitarbeiter des Informationszentrums Berlin habe sich für uns starkgemacht, und es sei eine Geste der Freundschaft, dort jetzt leise und demütig zu speisen und um Himmels willen nicht zu lachen, egal, was uns serviert würde. Die *Mitropa*-Brigade hatte sich ordentlich ins Zeug gelegt für uns, es gab einen Grillteller. Neben gemischtem Dosengemüse und einer Frikadelle, direkt auf dem weißen Kartoffelpüree-Berg stand sie: Meine zweite Bratwurst des Tages. Eine Bratwurstpalme. Die Köche hatten Brühwürste halbiert und an einem Ende kreuzförmig eingeschnitten, beim Braten waren diese Enden zu dicken Palmenblättern aufgeblüht. Ich war beeindruckt, aß die Palme zuletzt, erst den Stamm, dann Blatt für Blatt den Palmwedel und entschied, gerade die einzig richtige Schnitt- und Brattechnik für Brühwürste entdeckt zu haben.

Zurück in Westberlin bestiegen wir noch schnell einen Aussichtsturm, sahen hinüber in den Teil der Stadt, in dem die Bratwürste himmlisch schmeckten und eindrucksvoll geschnitzt waren, und hörten Herrn Kramer zu, der, die Hände klagend gen Mauer gestreckt, bejammerte, dass er den Niedergang dieses Unrechtsstaates wohl nicht mehr erleben würde. Wir wünschten, seine Prophezeiungen würden recht bald in Erfüllung gehen.

Am 9. November 1989 saß ich vor dem Fernseher und gedachte der Bratwurstpalme. Würde sie es schaffen? Zehn Jahre später tobte im wiedervereinigten Deutschland der gesamtdeutsche Currywurstkrieg. Keiner wusste mehr genau, wer damit angefangen hatte, aber kurz nach der Jahrtausendwende wurde in Deutschland plötzlich überall jung und wild gekocht, kulinarische Zitate waren große Mode, neben gutem und schlechtem Essen gab es jetzt auch lustiges Essen. Teller voller Heiterkeiten, Albernheiten und möglichst kreative Lacher auf den Speisekarten. Und alle entdeckten die Currywurst. Die teuerste gab es in Hamburg, 18 Euro für eine Kalbsbratwurst mit handgerührter Currysauce und einem Blockhaus aus handgeschnitzten Pommes frites. Berlin konterte mit einer fruchtig-scharfen Mangosauce zur Currywurst aus Weißfischfleisch. Den berühmtesten Beitrag zum Currywurst-Wettkochen lieferte Stefan Marquard aus München. Der wildeste unter den jungen Wilden servierte eine Currysauce im Reagenzglas, oben zugestöpselt und gekrönt mit einer Bratwurstpalme. Da staunten die Medien, da lachte die Zunft. Ich gähnte ein bisschen.

Hausgemachte grobe Bratwurst

Für 4–6 Personen

ZUTATEN

800 g Schweineschulter
350 g weißer Rückenspeck
5 g schwarzer Pfeffer
5 g Senfkörner
3 g Fenchelsamen
2–3 Knoblauchzehen
1 TL frisch abgeriebene Bio-Zitronenschale
20 g Salz
Ca. 25 Meter 22 / 24er-Schafsaitling
(Naturdarm, beim Metzger vorbestellen)
Öl zum Braten
Frische Brötchen
Lieblingssenf

Zubereitungszeit: 2 Stunden
(+ 4 Stunden Ruhezeit)

ZUBEREITUNG

1. Das Fleisch von Sehnen und Knorpeln befreien und mit dem Speck in längliche Streifen schneiden. Auf einem Blech in den Tiefkühler schieben und 10 Minuten leicht anfrieren lassen.

2. Pfeffer, Senfkörner und Fenchelsamen in einer Pfanne leicht erhitzen, bis die Gewürze zu duften beginnen, dann im Mörser zerstoßen. Fleisch- und Speck-Streifen durch den Wolf drehen (mittlere Scheibe), zwischendurch die gepellten Knoblauchzehen mit durchlassen.

3. Die Gewürze, Zitronenschale und Salz zugeben, den Fleischteig in der Küchenmaschine mit dem Knethaken 2 Minuten kräftig durchkneten. Zugedeckt im Kühlschrank 1 Stunde ruhen lassen. Den Schafsaitling 1 Stunde in lauwarmem Wasser baden, dabei das Wasser öfter wechseln.

4. Wurstaufsatz aufbauen (siehe Tipp), einige Meter Darm über den Einfüllstutzen ziehen, abschneiden, das Ende zuknoten. Wurstmasse oben einfüllen, Maschine starten. Die Würste in gewünschter Länge nur fingerdünn befüllen, sie werden später beim Braten prall und rund. Zwischen den Würsten 2 cm Abstand lassen, mit Garn binden oder verzwirbeln.

5. Die fertigen Würste abgedeckt im Kühlschrank 3 Stunden ruhen lassen. 30 Minuten vor dem Braten aus dem Kühlschrank nehmen. Die Würste in wenig Öl bei mittlerer Hitze goldbraun braten, oder auf dem Grill rösten. Mit frischen Brötchen und Senf servieren.

TIPP

Für viele Fleischwolf-Fabrikate und Küchenmaschinen gibt es Aufsätze zum Wursten. Bratwurst immer nur an dem Tag zubereiten, an dem sie auch gegessen wird und während der Herstellung auf größte Sauberkeit achten.

DER HUMMER, COHN-BENDIT UND ICH

Über ihm rollten die grün-schwarzen Wellenberge im verlässlichen Takt durch die schwarzen Felsen, grüne Algenfelder wippten elegant hin und her und winkten vom Riff, auf der wirbelnden Wasseroberfläche öffneten und schlossen sich schaumgesäumte Augen. Auch der Hummer schwankte kurz im mitreißenden Gezeitengeschaukel, kletterte über eine steile Felskante und ließ sich beinahe schwerelos in die Tiefe fallen, die Füße ausgestreckt, es war ganz still und dunkel, das kühle Wasser kitzelte im Sinkflug angenehm. Eine weiche Landung, kleine Sandwolken wirbelten auf und legten sich wieder. Jetzt sah der Hummer den Fangkorb, gefüllt mit Krebsfleisch, kletterte hinein, und noch ehe er einen Happen gegessen hatte, setzte sich der Fahrstuhl in Bewegung. Durch das Gitter sah der Hummer in rasanter Aufwärtsfahrt die Felswände immer kleiner werden, der Sandboden war schon in der Dunkelheit verschwunden, es wurde lauter und heller, Fangkorb und Fahrgast durchbrachen die Wasseroberfläche, eine letzte Welle leckte an den Scheren des Hummers, dann war unscharf ein Boot zu erkennen, dem Hummer stockte der Atem, ein kurzer Kampf gegen zwei riesige Lederhandschuhe, und dann landete er, die kräftigen Scheren mit dicken Gummibändern gefesselt, auf einem weißen Eisschneeberg. Nach sieben glücklichen Jahren im Meer stellte sich der entsetzte Hummer erst mal tot und verließ seine Heimat, steif und starr ging es Richtung Küste. In den Pariser Markthallen wurde er mit anderen unglücklichen Kollegen und viel gestoßenem Eis in Styroporboxen gestapelt und nach Deutschland geflogen. Am Frankfurter Flughafen verstarb einer der Mitreisenden, Herzinfarkt beim Verladen in einen großen, weißen LKW mit grünen Buchstaben, die verkündeten, dass der *Rungis-Express* Spezialitäten aus aller Welt in alle Welt bringe. Der Hummer war plötzlich sehr, sehr müde.

«Zeh Kilo Hummä, des sen acht Schdück, di läbe auch noch, mundere Kerlsche, gugge Se ma!», brüllte der Lieferant und knallte die Box auf den Küchenpass. Monsieur und der Lieferant begannen, einander nach alter Tradition gegenseitig das Leben schwer zu machen. Während Monsieur rhythmisch die Unterseiten der Hummerschwänze streichelte, um die Hummer müde und leblos wirken zu lassen, schüttelte der Lieferant die Tiere wie Kastagnetten in der Luft, um sie möglichst wach und lebendig wirken zu lassen. Die Wahrheit lag dazwischen, die kunstvollere Darbietung entschied über den endgültigen Preis. Monsieur war ein ausgezeichneter Hummer-Beruhiger, und als er auch noch triumphierend den Frankfurter Herztoten aus der Kiste zauberte, gab der Lieferant widerwillig Rabatt.

«Also isch glaab jo, der schläft nur, is aach e waide Fahd für die Viehschä, derf ma ned vergesse!»

Monsieur und ich standen eine ganze Weile andächtig über die Box gebeugt, bis Monsieur den schönsten Kandidaten ausgewählt hatte.

«Du kommst ins Fernsehen!», sprach Monsieur zum Hummer, und dann zu mir: «Ich komme nämlich ins Fernsehen.»

Irritiert blickte ich die beiden zukünftigen Fernsehstars an, und Monsieur ging mit Leidensmiene ins Detail. Nach Mainz müsse er, er sei bedauerlicherweise eine Verpflichtung bei einem Fernsehsender eingegangen, Teil der Vereinbarung sei eine Hummer-Terrine mit grünem Spargel, die ich doch bitte bis heute Abend fertig zu stellen hätte. Er hasste öffentliche Auftritte, sich zu produzieren war ihm ein Gräuel, Publicity konnte er nicht. Die Einladung des öffentlich-rechtlichen Fernsehens anlässlich der 25 Jahre währenden deutsch-französischen Freundschaft konnte er jedoch nicht ablehnen. Im Studio sollte die deutsch-französische Freundschaft besungen und diskutiert werden, und für Freunde kocht man ja gerne, und wenn einer der Freunde Deutscher ist und der andere Franzose, dann sollte besser der Franzose kochen, hatte der Intendant des Senders befunden, und Monsieur möge doch bitte jedem Gast der Talkrunde ein Gericht auf den Leib kochen. Die Terrine von Hummer und grünem Spargel, erfuhr ich, sei für Daniel Cohn-Bendit. Mit gequältem Stöhnen fügte er hinzu, das müsse ein Meisterstück werden, absolut perfekt. Nicht ganz ohne Stolz über diese heikle Mission und das in mich gesetzte Vertrauen machte ich mich an die Arbeit.

Mit einem leisen Seufzen, beinahe schwerelos, fiel der Hummer in den brodelnden Sud, die Füße ausgestreckt, ein paar Luftbläschen noch, und das kochende Wasser färbte seinen Panzer leuchtend rot, als er zwischen Porreeringen, Möhrenstücken, tanzenden Pfefferkörnern und trudelnden Lorbeerblättern im duftenden Fond verschwand. Minuten später tauchte ich den Hummer in ein Meer aus Eiswürfeln, dampfend versank der rote Riese ein letztes Mal. Ich kochte grünen Spargel und lange, breite Porreestreifen, tauchte auch sie ins Eismeer. Ich löste das Hummerfleisch aus dem dicken Panzer, zerschlug die Hummerschalen und gab sie mit Safran, Tomaten, Fenchel und Sellerie in einen großen Topf, goss Weißwein dazu, kräftigen Fischfond, Dillstängel, Senfkörner, frischen Lorbeer und einen Schuss Noilly Prat. Leise simmerte die duftende Consommé, und eine Stunde später schimmerte, vorsichtig durch feines Tuch gegossen, eine klare Essenz im Kupfertopf. Ich gab etwas eingeweichte Gelatine dazu, die sich geräuschlos auflöste. Fünf Blatt Gelatine auf einen Liter. Oder doch lieber sechs? Sicherer wären sieben Blatt. Oder würde die ausgelierte Terrine dann zu bröseligem Gummi mit Hummergeschmack werden? Andererseits, mit nur fünf Blättern Gelatine, bestand da nicht die Gefahr, dass sich die Terrine unter der Hitze der Scheinwerfer im Fernsehstudio in ihre Bestandteile auflöste? Mir wurde heiß, schwer nahm die Verantwortung auf meinen schmächtigen Schultern Platz. Ich löste insgesamt zehn Blätter auf.

Die Terrinenform legte ich mit einem Mantel aus Lauchblättern aus, schichtete grünen Spargel mit zartem Fenchelgrün und dem weiß-roten Hummerfleisch auf, begoss alles mit der abgekühlten Essenz, schloss den Lauchmantel über dem fragilen Werk und betete.

Beten hilft aber nicht wirklich. Mit Terrinen ist es nämlich so, die Gewissheit über das Gelingen stellt sich, gerade wenn da etwas geliert, erst am nächsten Tag ein. Ich stellte die Terrine für Herrn Cohn-Bendit abends ins Kühlhaus und war besorgt. Morgen würde die Live-Sendung sein. Heikel.

Ich teilte meine Sorgen Monsieur mit, der beruhigte mich: «Es ist doch ganz einfach, schalte morgen den Fernseher an, und wenn du Herrn Cohn-Bendit und mich siehst und die Terrine nicht, dann brauchst du am Montag nicht mehr zu kommen.»

Nach diesen aufbauenden Worten machte Monsieur eine Kunstpause, dann hatte er noch eine Frage:

«Wie viel Gelatine hast du eigentlich genommen?»

«Zehn Blätter.»

«Oh.»

Monsieur zog die Augenbrauen sehr weit nach oben.

Als ich den Fernseher einschaltete, hatte ich eine schlaflose Nacht und bereits eine ganze Flasche eiskalten Chablis hinter mich gebracht. Im Studio entdeckte ich Monsieur, Herr Cohn-Bendit war da, die Hummer-Terrine war nicht da, der Rest der Talkrunde war mir so unbekannt wie egal. Ich konnte die Hummer-Terrine nirgendwo entdecken. Stöhnend ging ich vor dem Fernseher zu Boden und studierte interessiert das kunstvolle Geflecht meines Wohnzimmerteppichs, während in Mainz große Worte gefunden wurden. Von einem folgenschweren Élysée-Vertrag war die Rede, von deutsch-französischer Zusammenarbeit und den Perspektiven der Freundschaft beider Länder.

Ein Quadratmeter meines Wohnzimmerteppichs besteht aus 267 sehr kleinen, eng gewebten Stoffschlaufen, stellte ich fest, 45 Minuten hatte ich konzentriert nachgezählt. Der nächste Quadratmeter sollte endgültige Sicherheit bringen, im Fernsehen wurde weiterhin ausdauernd geredet. Herr Cohn-Bendit und ich lauschten und lächelten gequält, jeder auf seiner Seite des Bildschirms. Unsere Laune besserte sich erheblich, als Monsieur, kurz vor Ende der Sendung, mit einem Servierwagen im Studio seine Runde zog und Lecke-reien unter den Gästen verteilte. Bei Herrn Cohn-Bendit an-gekommen, überreichte er ihm auf zartem Porzellan eine glänzende Scheibe «Terrine von Hummer und grünem Spargel in Safran-Hummergelee» mit den Worten: «So rot-grün wie Ihr Leben.»

Publicity kann er nicht, dachte ich, und als schon der Ab-spann über den Schirm lief, sah ich Daniel Cohn-Bendit, ein großes, fleischiges Stück Hummerschere mit funkelnden Geleestücken auf der Gabel, er kaute mit geschlossenen Au-gen, schluckte genüsslich, öffnete die Augen und nickte mir anerkennend zu. Ich nickte dankbar lächelnd zurück und öffnete die zweite Flasche Chablis.

86

Hummer-Terrine mit grünem Spargel in Safran-Gelee
Für 6–8 Personen

ZUTATEN

2 gekochte Hummer, à 450 g, *vom Fischhändler*
küchenfertig zerlegt
1 Stange Porree
100 g Möhren
50 g Staudensellerie
1 kleine Zwiebel
3 Tomaten
50 g Fenchelknolle
1 große Knoblauchzehe
800 ml gekühlter, würziger Fischfond
2 Eiweiß
50 ml Weißwein
5 Zweige Dill
1 TL Senfkörner
1 Lorbeerblatt
1 Msp. Safranpulver
2 EL Noilly Prat *(Französischer Wermut)*
Salz
800 g grüner Spargel
8 Blatt Gelatine
Cayennepfeffer
150 g Crème fraîche
1–3 Msp. Wasabi-Paste *(japanische, grüne Meerrettich-Paste)*

Zubereitungszeit: 1 ½ Stunden (+ Zeit zum Gelieren)

ZUBEREITUNG

1. Das Hummerfleisch auslösen und grob würfeln, die Hummerschalen waschen und zerkleinern. Den Porree waschen, die ersten sechs Blätter ablösen und beiseitelegen, den übrigen Porree in Ringe schneiden. Möhre und Sellerie schälen, Zwiebeln pellen, alles fein würfeln. Tomaten, Fenchel und gepellten Knoblauch ebenfalls fein würfeln.

2. Den Fischfond mit Eiweiß verquirlen und mit den Hummerschalen und dem Gemüse in einen Topf geben. Mit Weißwein, Dill, Senfkörnern, Lorbeer, Safran, Noilly Prat und Salz würzen. Auf kleiner Hitze (Stufe 2–3) sehr langsam aufkochen und dann noch kurz leise sieden lassen (ca. 60 Minuten).

3. Die Porreeblätter in Salzwasser 4 Minuten kochen, kalt abschrecken und zwischen Küchentüchern abtrocknen. Vom Spargel die Enden entfernen, das untere Drittel schälen und 6–8 Minuten bissfest kochen und kalt abschrecken.

4. Gelatine in kaltem Wasser einweichen. Eine Kastenform (1 l vol.) mit Klarsichtfolie auslegen, dann mit den Porreestreifen übereinanderlappend auskleiden. Spargel und Hummerfleisch hineingeben. Den Hummersud vorsichtig durch ein Sieb mit Tuch filtern. 700 ml abmessen, die Gelatine darin auflösen. Mit Salz und Pfeffer kräftig würzen.

5. Den Sud über Spargel und Hummer gießen, bis alles bedeckt ist, die Porreestreifen-Enden darüberklappen, überstehende Enden abschneiden. Zugedeckt im Kühlschrank mindestens acht Stunden, am besten über Nacht, gelieren lassen.

6. Crème fraîche mit Wasabi verrühren und salzen. Die gelierte Terrine stürzen, Folien entfernen, und die Terrine mit einem scharfen Messer in 1–2 cm dicke Scheiben schneiden. Mit der Wasabi-Creme servieren. Dazu passt Salat und Baguette.

MEIN FREUND SANGHEE RETTET DIE WELT

Sanghee geht es nicht gut. Mit regennasser Gänsehaut läuft er frierend den Glockengießerwall hinauf, Richtung Hauptbahnhof, über eine Stunde hat er gebraucht von der Feldstraße bis hierher. Er hat Hunger. Es ist Sonntagmorgen, langsam kommt er runter. Ganesha sei Dank. Hinein in die Bahnhofshalle, ein paar Treppen noch, der Burgerbrater-Grill hat schon geöffnet, und Sanghee schickt sich an, die Welt zu retten.

Davon weiß er aber noch nichts.

Irgendwann gestern Abend ist er mit Beate zu ihren neuen Freunden gegangen, weltfremde Sannyasin der dritten Generation, er hat den indischen Nikolaus betrachtet, der beinahe lebensgroß die Küchenwand zierte, es gab gutes Gras und blödes Geschwätz. Beate hatte ihn wahrscheinlich nur mitgenommen, um ihren neuen Freunden Sanghee zu präsentieren: Guckt mal, ich ficke einen echten Inder. So ein richtig echter Inder ist er nicht, mein Freund Sanghee, nur die Mutter ist eine indische Prinzessin, sein Vater ein sehr deutscher Bauingenieur, der sich aus Barmbek nach Othmarschen durchgeboxt und auf Montage in Mumbai seine Frau kennengelernt hat. Glücklicherweise war es seine Mutter, die sich bei Aussehen und Namensnennung durchsetzte, sonst hieße er jetzt Stefan und sähe auch so aus. Indisch genug für Beates Sannyasin schien er aber gewesen zu sein, es war höflich mit allerlei Halbwissen über Hinduismus und Buddhismus geprahlt worden, er hatte genickt und alles bestätigt.

Gegen elf küsste er Beates Karmapunkt, dankte für das gute Gras und fuhr ins *Uebel & Gefährlich* zum «Diskotanzen», wie es Beate nannte, die dafür aber rauchfreie Barfuß-Tanzveranstaltungen bevorzugte. Noch in der Warteschlange vor dem Club hatte Kumpel Holger aus Berlin lustige Tickets verteilt, mit Buddha drauf: «Wa, Sandschi, dit is jut, wenn Buddah druf is, dann knallt det bei dir gleich doppelt, wa, huhuaaahha!» Holger irrte sich, war gar nicht so gut. Den Rest der Nacht verbrachte Sanghee auf der Tanzfläche in einem großen, mit Wasser gefüllten Luftballon und beschäftigte sich mit der Suche nach seinen neuen Kiemen, denn atmen konnte er, nur nicht raus aus dem Scheißwasserballon.

Jetzt, im Bahnhof, ist kein Ballon mehr da, die gute alte Lunge funktioniert wieder, und Sanghee bestellt sich einen Burger, geht nach draußen und atmet frische Luft. Fleisch, herrlich, der erste Bissen, das zischt, nein, es zischt nicht, es knallt, die Hackfleischklümpchen explodieren in seinem Mund, wie die Knallbrause, die er als Kind immer am Kiosk geholt hat. Plöpp, plöpp, ein Hackfleischkügelchenfeuerwerk, pingping, auf und ab, es kribbelt an Zunge und Gaumen, er spuckt aus. Das Hackfleischgewölle liegt jetzt ermattet auf dem Asphalt, erholt sich aber schnell, die Klümpchen formieren sich äußerst diszipliniert zu einer wohlgeordneten Schlange und setzen sich in Richtung Mönckebergstraße in Bewegung.

Von irgendwo ertönt leise Marschmusik.

Sanghee bekommt Panik, es ist ihm jetzt völlig klar, dieses Hackfleisch wird das Böse in die Welt hinaustragen. Den angebissenen Burger hoch in die Luft gestreckt, rennt er der Hackfleischkompanie des Terrors hinterher, an der Ampel erwischt er die meisten, tritt sie beherzt tot, nur wenige Klümpchen entkommen in die nahe gelegene Kanalisation.

Jetzt einen klaren Kopf behalten! Sanghee blickt in die Bissspur, der ganze verdammte Burger wimmelt, das Hack ist kaum im Zaum zu halten, vibriert aufgeregt zwischen entsetzten Tomaten und bereits getötetem Käse, schnell und ganz feste wickelt Sanghee den Burger des Bösen wieder ein und tut, was er tun muss. Ewig kommt sie nicht, die rettende S-Bahn zum Dammtor, auf der Fahrt spürt er, wie sich der Burger in seiner Manteltasche wehrt, mit seinem ganzen Gewicht legt Sanghee sich auf den Monster-Mac. Die wenigen Fahrgäste bemerken nichts, das ist gut so, es könnte Panik ausbrechen. Sanghee denkt an Tokio. Ihm wird heiß.

Endlich, Dammtor, Sanghee rennt Richtung Planten un Blomen. Dort angekommen stürzt er sich ins nächstbeste Rosenbeet und beginnt, mit bloßen Händen die kalte, schwarze Erde aufzureißen, zu graben, tief, sehr tief. Er schwitzt, er dampft, es regnet immer noch. Die Sonntagsspaziergänger starren ungläubig unter bunten Tierkreiszeichen-Regenschirmen hervor, keiner hilft, ist ja klar. Stehen da und glotzen blöd.

Er zerrt den Burger aus der Tasche, rein ins Loch, Erde drüber und jetzt, beherztes Auf- und Abhüpfen zwischen toten Rosenstöcken auf dem Grab des Bösen. Das war knapp.

Sanghee wischt sich die Erde von den Händen, nickt den Zuschauern freundlich zu und geht gelassen zurück zur S-Bahn. Er fährt mit einem guten Gefühl nach Hause und schläft vierzehn Stunden am Stück.

Die Welt zu retten macht wirklich müde.

Salsiccia-Cheeseburger mit gepfeffertem Senfgurken-Zwiebelgemüse und Spezialsauce

Für 6–8 Burger

ZUTATEN

50 ml Ketchup

3 EL Barbecuesauce

1 TL scharfer Senf

1 Knoblauchzehe

4 getrocknete Soft-Tomaten a. d. Öl

80 g Salatgurke

1–2 Tomaten

4–6 Blätter Lollo-Bianco-Salat

3–4 kleine rote Zwiebeln

80 g Senfgurken aus dem Glas

4 EL Olivenöl

Salz

Schwarzer Pfeffer aus der Mühle

½ EL flüssiger Honig

4–6 Hamburgerbrötchen mit Sesam

600 g rohe Salsiccia-Bratwurst

(ersatzweise rohe, grobe Bratwurst)

4–6 Scheiben Chester-Schmelzkäse

Zubereitungszeit: 25 Minuten

ZUBEREITUNG

1. Für die Spezialsauce den Ketchup mit Barbecue-Sauce, Senf, Knoblauch und getrockneten Tomaten pürieren. Die Sauce beiseitestellen. Salatgurke und Tomaten in Scheiben schneiden und ebenfalls beiseitestellen, den Salat waschen und trocken schleudern.

2. Zwiebeln in Spalten schneiden, die Senfgurken fein würfeln. Die Zwiebeln bei mittlerer Hitze in 1 EL Öl 4 Minuten braten. Die Gurkenwürfel zugeben, noch 1 Minute braten und mit Salz, Pfeffer und Honig würzen. Aus der Pfanne nehmen und zugedeckt warmstellen.

3. Die Burgerbrötchen im 50 Grad heißen Ofen leicht erwärmen. Salsiccia-Fleisch aus der Bratwurstpelle drücken und aus dem Brät, mit angefeuchteten Händen, vier bis sechs flache Burger formen. 3 El Öl in der Pfanne erhitzen, die Burger darin von jeder Seite 2–3 Min. braten. Nach dem einmaligen Wenden mit Käse belegen.

4. Burgerbrötchen aufschneiden, die untere Hälfte mit Salat, Gurke und Tomatenscheiben belegen, den Cheeseburger aufsetzen und mit Senfgurken-Zwiebelgemüse toppen. Die Sauce separat dazu servieren.

TIPP

Salsiccia ist eine grobe, italienische Bratwurst, die mit verschiedenen Kräutern und Gewürzen, wie Thymian, Rosmarin, Pfeffer und Fenchelsaat gewürzt ist. Während der Grillsaison werden die frischen, rohen Würste mittlerweile von vielen Metzgereien angeboten oder können vorbestellt werden. Ersatzweise kann aber auch rohe, grobe Bratwurst verwendet werden.

HANSEN

Mit Schwung öffnet Hansen die Luke in der Haustür und sieht hinaus, die buschigen weißen Augenbrauen in die Höhe gezogen, betrachtet er die Besucher. «Habt ihr Marzipanbrot mitgebracht?», fragt Hansen streng. Wir schütteln die Köpfe. «Dann gibt's auch nix zu essen», ruft er und schließt die Luke grußlos wieder. Wir stehen im dunklen Schneematsch vor dem Haus und warten. Hansen liebt Marzipanbrot.

«Na guut!», hören wir ihn versöhnlich im Hausflur knödeln, «will ich mal nicht so sein, kommt rein, Kinners.» Strahlend öffnet er die Haustür, seine blauen Augen funkeln erwartungsvoll, der weiße Bart ist akkurat gestutzt, da steht er, er sieht ein bisschen aus wie Raimund Harmstorf, und sein Händedruck kündet davon, dass auch er rohe Kartoffeln zerdrücken kann.

Im Gänsemarsch laufen wir durch das kleine, verwinkelte Haus, drücken uns an großen Schaukästen vorbei, in denen imposante Dreimaster vor Anker gegangen sind, die Segel immer noch aufgebläht. Gischt und dunkle Wellenberge werden von schweren Bilderrahmen im Zaum gehalten, an dünnen Fäden hängend ziehen Möwen ihre Kreise über dem Esszimmertisch.

Wir nehmen Platz zwischen goldenen Luftdruckmessern, Schiffsuhren ticken, ein Kompass verrät, in welcher Himmelsrichtung unsere Stühle stehen. Gesottene Zunge in dicken Scheiben wird aufgetragen, hellbraune Pilzsauce, dampfende, goldgelbe Heidekartoffeln und süßer Gurkensalat mit Dill.

«Esst, Kinners, esst, es ist noch jede Menge da!», beschwört uns Hansen und macht die Gläser voll. «Meine Frau hat das gekocht, genau nach dem Rezept der alten Dame, genau so hat das bei der alten Dame geschmeckt, zweimal im Jahr gab es Zunge und alle kamen zusammen, so wie wir jetzt!» Hansen freut sich sichtlich, jeder von uns bekommt Namen und Sitzplatz eines Familienmitglieds aus längst vergangener Zeit: «Du bist Olaf, der hat immer die Tischdecke eingesaut!» Stunden verbrachte die alte Dame damit, die Tischdecke akkurat auszurichten, dabei seufzte sie immer, «ach, der Olaf, der kleckert wieder alles voll», erzählt Hansen. Ich fühle mich geehrt, diese Tradition fortsetzen zu dürfen und lange kräftig zu, nicht ohne eine halbe Kartoffel auf die Tischdecke fallen zu lassen.

Die Zungenscheiben schimmern in duftender Brühe, goldglänzende Fettaugen drängeln sich am Rand der Schüssel. «Nehmt ordentlich Sauce, Kinners, die müsst ihr musen mit den Kartoffeln!» Hansen macht es vor, zerdrückt die Kartoffeln mit der Gabel, dass es spritzt, und lacht dabei. Hansen hat mehr Zähne als andere Menschen. Widerstandslos gleiten die Messer durch die dicken Zungenscheiben, etwas Kartoffelmus dazu und Gurkensalat, und «alles gleichzeitig hinter die Kiemen, so essen Kenner das!», ruft Hansen in die andächtige Stille. Stille ist nicht so sein Ding, er lüftet das Geheimnis des Gurkensalates: «Der ist», spricht er kauend, «mit Kondensmilch angemacht! Sahne gab es nicht oft, Kondensmilch immer! Und Dill! Ein ganzes Bund hat mei-

ne Frau da heute reingeschnippelt, früher hatten wir Dill im
Garten, ist gewachsen wie Unkraut, war rattenscharf das
Zeug, da reichten damals drei Zweige.» Hansen schließt die
Augen, sieht blind hinauf zu den Möwen unter der Zim-
merdecke und ruft: «Mmmh! Wie bei der alten Dame, genau
wie bei der alten Dame!»

Die alte Dame hat Hansen großgezogen, damals nach
dem Krieg, die drei Geschwister waren Vollwaisen geworden, wurden getrennt, und Hansen kam zur alten Dame,
weit weg von der geliebten Küste, in ein Land, das auch
Deutschland war und bald zur DDR wurde. Hansen fuhr
damals gerne mit dem Fahrrad zu einer Autobahnbrücke,
Westautos kucken, sie waren pfeilschnell und leise und fuhren ans Meer, das viel zu weit entfernt war, um es mit dem
Fahrrad zu erreichen.

Hansen hat ein Schiff gebaut, in dem kleinen Schuppen
hinten im Garten, ohne Fenster und Abluft, hat er den Kahn
geformt, laminiert, lackiert. Nach Feierabend, stundenlang,
nur er und die Kreissäge, «Frauen verboten, wegen der Finger!» Seine Frau hat ihm immer Kaffee vor die Hütte gestellt,
den hat er getrunken, mit kleinen Schlucken, langsam. Und
irgendwann merkte er, der Kaffee schmeckte bitter. Immer
bitterer, je länger er arbeitete. Bitter im Mund, bitter im Magen. Da hat Hansen dann über eine Lüftung nachgedacht, da
war es aber schon zu spät. Der Betriebsarzt untersuchte ihn
und schrieb ein Attest, dass er, Hansen, bis zur Rente von
Lackierarbeiten in der Firma freizustellen sei. Dabei kamen
die Beschwerden ja vom Freizeitschiffbau. «Ich hab trotzdem weitergemacht mit dem Schiff im Garten und keinem
was gesagt.» Hansen lacht und schenkt eiskalten, dickflüssi-

gen Kümmelschnaps ein, der über die beschlagenen Glasränder schwappt.

An seinem sechzehnten Geburtstag waren Hansen und die alte Dame in den Westen geflohen: «Das war noch ganz einfach damals, auf Fahrrädern einfach rausgeradelt aus der Sowjetischen Besatzungszone!» Hansen kichert. «Kurz vor Schluss. Happy Birthday!» In der neuen, alten Heimat war nichts einfach und alles anders. Die Menschen. Die Mädchen! Hansen arrangierte sich. Und irgendwann hatte er sie vergessen, die Zeit im anderen Deutschland. «Verdrängt», sagt Hansen und blickt ernst auf die Tischdecke. Plötzlich hellt sich sein Blick auf. «Bis ich die Einladung zu einem Klassentreffen bekam, ich bin hingefahren und auf der Autobahn hab ich gesagt, Frau, aufpassen, hinter der nächsten Kurve kommt eine Brücke, da bin ich immer mit dem Fahrrad hin und habe Westautos gekuckt. Und wir biegen um die Kurve, und da steht auf der Brücke ein kleiner Junge mit einem Fahrrad, genau wie ich damals …» Hansen wird steif wie ein Brett, reißt theatralisch die Augen auf und rutscht langsam vom Stuhl unter den Tisch. Die jungen Leute lachen. Unter der Tischdecke hören wir seine Stimme: «Da war plötzlich alles wieder da.»

Hansen macht Wellengeräusche: «Schwww, schwww, brchbrchschwww.» Pollux war immer dabei auf großer Fahrt. Sechzehn Jahre stand der Dackel vorne auf Deck und bellte die Wellen an. «Der war gar nicht mehr von Bord zu bekommen nach dem Urlaub, hat sich auf dem Achterdeck lang gemacht und tot gestellt, den mussten wir

102

ins Auto tragen. Das war ein Segler, der hat das Schiff geliebt!»

Hansen schaufelt sich zwei Löffel Zucker in den Espresso und schenkt ungefragt allen Kümmelschnaps nach.

«Und dann war der irgendwann so alt, da hat er sich überhaupt nicht mehr viel bewegt, blind war er auch, und ich hab zu meiner Frau gesagt, Frau, wir fahren jetzt Segeln, und vorher bring ich Pollux zum Tierarzt.» Seine Frau hat geseufzt und die Segelsachen aus dem Keller geholt, ein großer Berg wasserfester Wäsche im kleinen Flur, Pollux ist raufgeklettert auf den Berg und nicht mehr runtergekommen, hat mit trüben Augen erklärt, er wolle mit. Da haben sie Pollux nicht zum Tierarzt gebracht, sondern mitgenommen.

Alle fünf Stunden mussten sie einen Hafen ansteuern, weil Pollux nichts *machte* auf dem Schiff. Geschäfte an Land, Ehrensache für Pollux, dessen Blase schwach und brüchig geworden war. Ruhig und glücklich lag Pollux an Deck, die Nase im Wind, und bei jeder Wende drehte er sich im Körbchen mit.

Im Herbst war Pollux dabei, als sie das Schiff an Land brachten, lauschte dem Kreischen der rostigen Winden, dem Knirschen des Bugs auf Sand und Muschelschlick. Zwei Tage später starb Pollux.

Hansen steht im Türrahmen und winkt uns nach. Ganz klein sieht er aus im Lampenschein und winkt und winkt mit seinen behaarten Händen, und wird immer kleiner. «Das machen wir jetzt jedes Jahr, Zunge essen, wie damals bei der alten Dame mit der ganzen Familie am Tisch», hatte er verkündet und ein letztes Glas Kümmelschnaps in die Luft gehoben, «Wohlsein!»

Wir drehen uns noch mal um, Hansen winkt immer noch, er formt die Hände zu einem Trichter und ruft: «Aber nächstes Mal vergesst das Marzipanbrot nicht, Kinners!»

Gesottene Kalbszunge mit Gurken-Dill-Salat und Rahmpilzen

Für 6 Personen

ZUTATEN

1 Bund Suppengrün

Ca. 5 l leichte Rinderbrühe

1 gepökelte Rinderzunge *(ca. 1,8 kg, beim Metzger vorbestellen)*

1 Lorbeerblatt

1 kg Heidekartoffeln

Salz

800 g Gurke

1 Bund Dill

100 ml Kondensmilch

1 EL Öl

1–2 TL Weißweinessig

Schwarzer Pfeffer aus der Mühle

Zucker

300 g braune Champignons

3 EL Olivenöl

200 ml Schlagsahne

Zubereitungszeit: 30 Minuten
(+ Kochzeit für die Zunge)

ZUBEREITUNG

1. Das Suppengrün waschen, sehr grob zerschneiden und mit der Rinderbrühe in einem Topf aufkochen. Die Zunge kalt abspülen, mit Lorbeer in den Topf geben und bei mittlerer Hitze 4 Stunden leise köcheln lassen.

2. Eine halbe Stunde vor Ende der Garzeit die Heidekartoffeln in Salzwasser 20–30 Minuten bissfest kochen. Die Gurken in dünne Scheiben schneiden, kräftig salzen und 15 Minuten ziehen lassen.

3. Dill fein schneiden und mit Kondensmilch und Öl verrühren. Mit Essig, Salz, Pfeffer und einer Prise Zucker abschmecken. Die Gurken trocken ausdrücken und untermengen.

4. Die Champignons in Scheiben schneiden und in einer Pfanne im heißen Olivenöl goldbraun braten. Mit 125 ml passiertem Zungen-Kochsud und der Sahne ablöschen, mit Salz und Pfeffer würzen. Nach Wunsch dicklich einkochen.

5. Die Zunge aus dem Kochsud nehmen, unter kaltem Wasser abschrecken und die Haut abziehen. Das Fleisch in Scheiben schneiden und mit etwas passiertem Zungenkochsud auf einer Platte anrichten. Mit Rahmpilzen, Kartoffeln und Gurkensalat servieren.

TIPP

Die gepökelte Rinderzunge müssen Sie beim Metzger vorbestellen. Durch das Pökeln wird das Zungenfleisch nicht nur besonders zart, sondern erhält auch eine appetitliche, röt-

liche Farbe. Übrige Zungenscheiben können Sie wie Schnit-
zel panieren und in Butterschmalz ausbacken. Dazu passt
ein frischer Salat.

FRAU MOSBACH LACHT

Ich esse nie in Speisewagen. Heute doch, es ist reine Notwehr. Mein dicker Sitznachbar im Abteil dünstet die Anstrengungen seines Tages aus, stopft Kartoffelchips in sich hinein und lacht brüllend über einen Film mit Adam Sandler. Hätte er nicht seinen Laptop auf den Knien, er würde sich die fetten Schenkel klopfen. Im Bordbistro nehme ich als Apero ein Bier. «Ein Bier bitte», sage ich und wische mir Chipsbrösel vom Jackett.

Der junge Bahn-Azubi will es genauer wissen: «Wos den fir a Bier?»

Ich bin überrascht, war ich doch immer der Meinung, bei der Bahn gäbe es nur eine Sorte Bier.

«Worschdeina oda Woiza?»

Ich zucke überrumpelt die Schultern.

«Neamens a Woiza, weil heid schpield doch Bayern.»

Ich lache und sage: «Dann nehme ich ein Weizen, ist ja dann für einen guten Zweck.» Ich habe keine Ahnung, warum ich so was sage, ich interessiere mich nicht für Fußball, aber der Azubi lacht auch, ich muss wohl richtig gelegen haben. Ich bezahle und frage den Azubi, ob ich denn das Bier mit in den Speisewagen nehmen dürfe, ich würde gleich gerne was essen.

«Ka Broblem!», weiß der Azubi.

Dann gehe ich mit meinem Bier in den Speisewagen, nehme Platz und lerne Frau Mosbach kennen. Frau Mosbach ist die Chefin hier, eine resolute, ältere Dame mit grauem Vogelnest auf dem Kopf und dicker Hornbrille auf der Nase. Das hier ist ihr Speisewagen, und sie blafft mich an: «A-ha! Jetzt setzens sich also hier hin, des geht fei ned!»

«Ach, äh, ich, wieso?»

«Mit dem Bier, des kost hier mehr als vorn im Bistro!»

«Ach je, was machen wir denn da jetzt?»

«Nix», sagt Frau Mosbach und entfernt sich grimmig.

Am Tisch mir gegenüber sitzt die Chefin einer großen Filmproduktionsgesellschaft. Ich erkenne sie aus einer Dokumentation über Film-Castings, die ich neulich im Fernsehen gesehen habe. Ich gebe mir große Mühe, möglichst bedeutungsschwanger aus dem Fenster zu sehen, interessant zu trinken und ausdrucksstark zu sitzen. Werde dann aber doch nicht entdeckt, weil ein gutaussehender Silberlöwe die Casting-Dame umgarnt. Mist. Sehe ich eben wieder normal aus dem Fenster. Oder in die Bordküche. Von meinem Platz aus kann ich dort ein wenig hineinsehen. Frau Mosbach sitzt auf einem kleinen Hocker, schimpft leise vor sich hin, zieht sich die schlammfarbenen *Romika*-Schuhe aus und knetet ihre schiefen Zehen. Auf der schwarzen Strumpfhose sind weiße Schweißränder zu sehen. Ich gucke schnell in die Karte.

Oh! Ah! Die Bahn bietet im Rahmen einer Sonderaktion in der Bordgastronomie im Fern- und Nachtreiseverkehr regionale Spezialitäten an. Heute ist das Bundesland Baden-Württemberg an der Reihe, es lockt eine Rinderroulade mit Spätzle, Lemberger Sauce und kleinem Salat. Hab ich ein Glück. Nein. Doch nicht. Frau Mosbach ignoriert mich, ich werde bestraft für den vorausgegangenen Mundraub.

Nach 15 Minuten höre ich die unsichere Stimme des Bahn-Azubis: «Der Herr wollte auch was essen», flüstert er.

Frau Mosbach brüllt: «Des weiß doch ich nicht, des hat der mir nicht gsagt!» Dann steht sie vor mir: «Jaaa?»

«Die Roulade, bitte.»

«Is recht.»

Frau Mosbach entschwindet, und ich denke: Hände waschen, bitte.

«So, hoppala, jetzt, ja, hier was vorweg!», grantelt Madame und knallt Paprikacreme, Salat und Baguette auf den Tisch. «Zu trinken hams ja noch!»

Die Paprikacreme ist wunderbar cremig, fein gewürzt, das Baguette knusprig, der Salat knackfrisch, keine braunen Stellen, die Gurkenscheiben weder angetrocknet noch gewellt, das Dressing in Ordnung. Ich bin überrascht.

«Rouuulade!», schimpft Frau Mosbach und knallt die Roulade auf den Tisch. Die Roulade ist zart-würzig, das Fleisch zerfällt mürbe, absolut perfekt! Die Sauce reichlich und sämig, die goldgelben Spätzle erwecken den Eindruck, handgeschabt zu sein und sind ein bisschen zu weich. Aber insgesamt: prima!

«Hat's gschmeckt?», brüllt Frau Mosbach.

«Ja, das war sogar ausgezeichnet!»

«Is ja gut», sagt Frau Mosbach und «sonst noch was.» Sie sagt *sonst noch was,* bei ihr klingt es wie *aber sonst geht's gut?*

«Ja!», antworte ich, «wissen Sie was, Frau Mosbach, jetzt bestelle ich bei Ihnen auch noch ein Weizenbier, damit Sie mir nicht mehr böse sind.»

Da muss Frau Mosbach lachen. «Gerne, der Herr», sagt sie strahlend, und die Welt ist in Ordnung.

Rinderrouladen mit Lemberger Sauce

Für 4 Personen

ZUTATEN

3 Zwiebeln (ca. 300 g)

6 EL Öl

Salz

Pfeffer

2 Zweige Majoran

(ersatzweise 1 TL getrockneter Majoran)

2 Gewürzgurken aus dem Glas

4 Scheiben Rindsrouladenfleisch

aus der Oberschale à 180–200 g

4 TL scharfer Senf

4 dünne Scheiben Knochenschinken

1 EL Tomatenmark

250 ml Lemberger aus Württemberg

(wahlweise ein kräftiger, fruchtiger Rotwein nach Geschmack)

250 ml Rinderbrühe

1 Knoblauchzehe

1 Lorbeerblatt

600 g Bundmöhren, mittelfein

Zubereitungszeit: 2 ½ Stunden

ZUBEREITUNG

1. Zwei der Zwiebeln in feine Spalten schneiden und in einer Pfanne in 2 EL Öl goldbraun braten, mit Salz, Pfeffer und gehacktem Majoran würzen. Abkühlen lassen.

2. Gurken längs in dünne Scheiben schneiden. Rouladenfleisch mit Salz und Pfeffer würzen, mit Senf bestreichen und mit Schinken und Gurkenstreifen belegen. Die Zwiebeln darauf verteilen und zusammenrollen. Mit Rouladennadeln oder Holzspießen an der Naht zustecken.

3. Die übrige Zwiebel fein würfeln. Rouladen in einem Bräter in 4 EL Öl rundum braun anbraten und herausnehmen. Zwiebelwürfel zum Bratensatz geben und mit Tomatenmark kurz anschwitzen. Mit Rotwein ablöschen, einmal aufkochen und mit Brühe auffüllen. Durchgepressten Knoblauch und Lorbeerblatt zugeben und mit Salz und Pfeffer würzen.

4. Rouladen im geschlossenen Bräter in den Ofen schieben und bei 175 Grad auf der ersten Schiene von unten 1 ½ Stunden garen. Möhren schälen, zu den Rouladen geben. Nochmals 30 Minuten garen.

5. Rouladen, Möhren und auch die Lorbeerblätter herausnehmen, Fleisch und Gemüse auf einer Platte anrichten. Die Sauce mit dem Stabmixer fein pürieren, eventuell nochmals abschmecken und etwas davon über die Rouladen gießen. Übrige Sauce in einer vorgewärmten Sauciere servieren.

TIPP

Zu den Rouladen passen Spätzle sehr gut, aber auch Klöße oder Salzkartoffeln.

WIE DAS AL SHUGAAB IN DEN WESTEN KAM

25. Juni 1955 – Anish Vashantee blinzelte hinüber auf die andere Straßenseite, seine schwarzen Augenbrauen bebten vor Rührung, mit dem Handrücken wischte er sich eine Träne aus dem Augenwinkel. Gegenüber hob sich, an dicken Seilen und einer Winde befestigt, langsam das Restaurantschild zum Dachfirst empor. Es hing noch etwas schief, links am Seil zog seine geliebte Frau Apurvam, mit ihren kräftigen Armen griff sie resolut ins Seilwerk, am rechten Seilende drohten seine beiden Kinder mit dem Schild in die Höhe gerissen zu werden. Apurvam schwitzte stark, schwer hatte sie zu tragen an Schild und Übergewicht. Anish liebte jedes Gramm ihres rosigen Körpers, nachts, wenn sie zusammenlagen, flüsterte er ihr zärtlich ins Ohr: «My little Al Shugaab!» Al Shugaab, das hieß glänzendes Fleisch, und Apurvam errötete kichernd.

Endlich war das Schild am Dach befestigt, in leuchtendem Rot stand auf gelbem Grund *Al Shugaab* geschrieben. Das erste indische Restaurant in Amerika trug den Namen eines uralten indischen Pfannengerichts. Anish überquerte würdevoll die Straße, ging durch das Spalier seiner applaudierenden Familie, küsste Apurvam stürmisch unter dem Türrahmen. In der Küche entflammte er feierlich das Gas und schob die schwere Pfanne auf das Feuer. Das gewürfelte Lammfleisch zischte im heißen Erdnussöl, bald war es kross gebraten, das Fett schmolz und verwandelte sich in

115

eine goldbraune Kruste, die das saftige Fleisch schützend umhüllte. Anish warf gehackten Knoblauch, rote Zwiebelstreifen und scharfe Chilischoten dazu, bestäubte alles mit Curry und einer Prise Zimt, ließ die Gewürze kurz mitrösten, rührte etwas Honig hinein. Es roch nach Heimat. Apurvam lehnte am Tresen, der sich weit in den sandfarbenen Gastraum erstreckte, und lächelte. Anish goss kräftige Fleischbrühe in die Pfanne, eine helle Stichflamme erleuchtete das Finale, er ließ das Gericht schmoren, bis das Fleisch anfing zu glänzen. Etwas Salz noch, und es war vollbracht. Ehrfurchtsvoll standen die Vashantees über die Pfanne gebeugt, Apurvam griff schließlich beherzt mit einem Stück Chapati-Brot in die Pfanne, kaute mit geschlossenen Augen und nickte dann erleichtert ihrem Mann zu. Das Fleisch war zart, das Curry mild und die Chili brannten belebend im Rachen. Das erste Al Shugaab in der neuen Heimat schmeckte genau so wie schon von den Großeltern und Urgroßeltern gekocht, besungen und gepriesen. Apurvam band sich eine Schürze um die üppigen Hüften, strich zärtlich über den Kopf der kleinen Ganesha-Statue am Eingang und öffnete die Tür.

1956 – Die Vashantees lernten schnell. Nach und nach verschwanden all die indischen Köstlichkeiten von der Speisekarte, und irgendwann boten sie nur noch Al Shugaab an, die zahlreichen Gäste aus Memphis und Umgebung bestellten nichts anderes. Bald war der Reis aus, den sie aus der Heimat mitgebracht hatten, das duftende, selbstgebackene Brot ließen die Amerikaner liegen und aßen nur das glänzende Fleisch. Gegen Ende des Jahres überzeugte Indirai,

116

Anishs ältester Sohn, seinen Vater, es doch mal mit diesen weichen Hamburgerbrötchen zu versuchen. Es wurde das Geschäft ihres Lebens. Den Al-Shugaab-Burger gab es fortan in verschiedenen Größen, extrascharf und mit Käse. Das mit dem Käse empfand Anish als Verrat am alten Indien, Apurvam legte die gelben Scheiben heimlich am Tresen auf die Burger.

15. April 1957 – Colonel Parker fluchte, als er das Restaurant betrat und sich mit seinem breiten Schädel im zarten Windspiel an der Tür verfing. Was für ein Scheißtag. Nichts hatte funktioniert im Studio. Elvis war so unkonzentriert gewesen wie nie. Gegen Mittag hatte er angefangen zu quengeln, er wolle jetzt endlich in diesen indischen Laden, von dem alle sprachen, das glänzende Fleisch müsse er einfach probieren. Also hatten sie die Aufnahmen unterbrochen, schweineteuer die Studiomiete, aber egal, der King hatte Hunger, und jetzt war also futtern bei den Glubschaugen dran. Red West war vorausgegangen, um die Lage zu checken, aber auch er konnte es nicht verhindern. Kaum hatte Elvis das Lokal betreten, stürzte diese grotesk fette Inderin in bunt bedruckten Tüchern auf den King zu und jetzt, *shit,* küsste sie ihn und ruinierte mit ihren Wurstfingern seine Frisur. Elvis lachte nur und küsste zurück, direkt auf den schwarzen Punkt auf der Stirn der dicken Lady. Der Colonel zuckte zusammen, was man sich da alles einfangen konnte! Er beschloss, sich in den nächsten Tagen von Elvis fernzuhalten. Die Burger allerdings waren großartig, ein bisschen zu scharf für den Colonel, der es mit dem Magen hatte, aber Elvis war auf der Rückfahrt ins Studio bester Laune, schon im Wagen alberte

er rum, sang lautstark und immerzu dieselben Zeilen: «Who do you thank when you have such luck? I'm in love, because of Al Shugaab, mmh, mmh, oh, yeah, yeah!» Komisch, dachte der Colonel, klingt wie ein Hit.

4. Juni 1957 – Elvis Presley veröffentlichte seine neue Single *All shook up,* die sich 22 Wochen in den Billboard R&B Charts halten sollte. Am selben Tag eröffnete ein junger Mann namens Indirai Vashantee das Restaurant: *Anish's Al Shugaab* in New York. Zur Eröffnungsfeier schickte Apurvam Vashantee ihrem Sohn eine gerahmte Fotografie. Darauf sieht man sie in ihrem schönsten Sari, rot leuchtet der Karmapunkt, neben ihr steht Elvis Presley mit merkwürdig zerzauster Frisur, Arm in Arm strahlen die beiden um die Wette. Den unfreundlichen Colonel hatte Mama Apurvam einfach abgeschnitten.

Al Shugaab
Für 4 Personen

ZUTATEN

500 g Lammfleisch *(Schulter oder Keule)*
½–1 rote Chilischote
1 rote Zwiebel
1 Knoblauchzehe
1 Frühlingszwiebellauch
2 EL Erdnussöl
1 EL mildes Curry
1 Msp. Zimtpulver
Salz
Grober, schwarzer Pfeffer aus der Mühle
1 EL flüssiger Honig
50 ml kräftige Fleischbrühe

Zubereitungszeit: 20 Minuten

ZUBEREITUNG

1. Das Lammfleisch in ca. 2–3 cm große Würfel schneiden, die Chilischote in Ringe schneiden, die Zwiebel in feine Spalten. Den gepellten Knoblauch grob hacken, die Frühlingszwiebel in feine Ringe schneiden.
2. Öl in einer Pfanne stark erhitzen und die Fleischwürfel darin ca. 6–8 Minuten rundum goldbraun braten. Knob-

lauch, Chili und Zwiebeln zugeben, mit Curry und Zimt bestäuben, mit Salz und Pfeffer würzen, die Gewürze wenige Sekunden mitrösten.

3. Honig und Fleischbrühe zugießen und kurz weiter schwenken, bis die Flüssigkeit beinahe verdunstet ist und das Fleisch zu glänzen beginnt. Frühlingszwiebelringe untermischen und sofort auf vorgewärmten Tellern wahlweise mit indischem Fladenbrot, Duftreis oder Hamburgerbrötchen servieren.

TIPP

Das in der Geschichte gereichte Fladenbrot heißt Chapati, es ist meist nur über indische Restaurants erhältlich. Ein guter Ersatz sind die mittlerweile sehr verbreiteten, großen und weichen Tortillafladen, die hauptsächlich für die Herstellung von Wraps Verwendung finden.

MÄNNER WIE WIR

So! Jetzt wird mal ordentlich entspannt! Es mangelt nicht an guten Vorsätzen in der Truppe. Drei leidgeprüfte Frauen machen es sich mit ihren ADS-diagnostizierten Männern gemütlich, um auszuspannen. Es geht raus in die Natur. Im satten Rasengrün steht die geräumige Wochenend-Datscha, gerahmt von Apfel- und Pflaumenbäumen, durch den Birkenwald schimmert der See.

Entspannen ist ja nicht so mein Ding. Ich klappe den Computer auf. Kein Netz. Auch das Handy sucht vergebens, Handyempfang, erzählt man mir, gebe es hier eher sporadisch. Mist. Die Frauen kochen Kaffee, mit wippenden Füßen trinken wir Männer zügig aus, ziehen nervös an Zigaretten, wir wissen, gleich müssen wir uns entspannen, und wir wissen nicht wie. Jan und Klaus haben sich wenigstens ein Hobby mitgebracht. Schon am Kaffeetisch schmieden sie Pläne, später breiten sie verschiedene Angelruten auf dem Rasen aus, diskutieren emsig über Spulen, Wurftechniken und Bissfrequenzen, dabei zählen sie dicke Würmer, die sich in einer mit Erde gefüllten Tupperdose schlängeln: «Boah, fette Teile, Alter, kuck mal, nur sechzehn Euro für alle!»

Jeder Mensch sollte ein Hobby haben. Ich hab ja kein Hobby. Na ja, doch. Ich koche gerne. Das ist auch mein Beruf, ich weiß nicht, ob das zählt. Heute Abend soll es Frankfurter Würstchen geben und dazu Kartoffelsalat. Nicht irgendeinen Kartoffelsalat, nein, meinen Kartoffelsalat! Mit sieben Kräutern, einer leichten Mayonnaise mit Sauerrahm, Weißweinessig und scharfem Senf. Zubereitungszeit leider nur höchstens eine halbe Stunde. Das ist nicht tagesfüllend. Die Kartoffeln kochen schon, dampfbeschlagen erblinden die kleinen Fenster der Hütte. Es fehlt mir auch an Gesprächsthemen, ich weiß nichts über nachtaktive Fische und Lebendköder. Wir könnten über Kartoffelsorten sprechen oder Kräuter. Ich erzähle, dass es sich bei den sieben Kräutern für meinen Kartoffelsalat um genau jene sieben Kräuter handelt, die traditionell auch in die Frankfurter Grüne Sauce gehören. Nickend wird mein Vortrag zur Kenntnis genommen. Dann wieder Schweigen im Walde. Die Frauen spielen *Mensch ärgere dich nicht* und bleiben dabei völlig gelassen. Ich verstumme auf der Holzbank vor der Hütte und lese Gala und Bunte, weil ich Bücher vergessen habe.

«Hach, deiner ist so ruhig!»

«Ja, der entspannt! Du entspannst doch, Süßer?»

«Man muss sie zu ihrem Glück zwingen.»

Die Kartoffeln sind schon fertig, ich gieße das Kochwasser ab und stelle die Knollen zum Abkühlen auf die Veranda. Gedanken jagdfliegen durch meinen Kopf. Etwas tun. Ich muss doch irgendwas tun. Kräuter hacken zum Beispiel. Kräuter immer erst kurz vor dem Servieren hacken, so schmecken sie am besten. Mir ist langweilig. Ich gucke mir die Würmer in der Tupperdose an. Ich besichtige Angelruten. Ich mache einen Spaziergang mit der Kamera und fotografiere Bäume. Ich lade die Baumfotos auf den Computer. Ich lösche die Baumfotos. Ich spiele mit dem Hund. Der Hund pinkelt an den Ball, das Spiel ist beendet. Erst zwei

Stunden rum. Jan und Klaus müssen heute früh los, nach Sonnenuntergang beißen die Aale am besten, wissen sie. Gott sei Dank, dann kann ich ja endlich kochen! Ich ziehe eine Flasche Wein auf, lege los und entspanne mich mit sofortiger Wirkung. Ich arbeite sehr langsam, denn der Kartoffelsalat macht wirklich sehr wenig Arbeit. Vorsichtig pelle ich die dünnen Häutchen von den warmen Kartoffeln, schneide die Erdäpfel mit chirurgischer Präzision in gleichkantige, feine Würfel. Verrühre die Zutaten für die Mayonnaise, gebe Sauerrahm dazu, zärtlich gleitet der Schneebesen durch die weiße Sauce. Jetzt die Kräuter. Petersilie, Kerbel, Pimpinelle, Borretsch und Sauerampfer werden fein gehackt. Die Kresse ernte ich, Halm für Halm, mit Hilfe einer Schere vom Beet, den Schnittlauch schneide ich in hauchdünne Ringe. Eine meditative Gelassenheit überfällt mich. Durchs Küchenfenster sehe ich Jan und Klaus. Jan wirft mit dem Ball nach dem Hund, Klaus mäht den Rasen. Ich lächle weise und würze mit Salz und Pfeffer. Die gelben Kartoffelwürfel tauchen ein und tauchen unter, die Frankfurter Würstchen liegen wie rheumakranke Rentner im heißen Wasser.

Schon um 17:00 Uhr wird gegessen, weil der See ruft! Jan und Klaus machen sich schwer bepackt auf den Weg, beladen das Boot mit Angeln, Reusen, Bier und belegten Broten. Ich bin ein bisschen beleidigt, denn es ist noch Kartoffelsalat da, wer braucht denn da bitte belegte Brote? Mein Kartoffelsalat gehört doch auf jedes Schiff, die sieben Kräuter beugen dem Skorbut vor, auf langen Seereisen. «Wie lang wollt ihr denn da draußen bleiben?», frage ich verwundert.

«So bis Mitternacht!» Mit kräftigen Schlägen rudern die

beiden los, schnell verschwindet das kleine Boot in der Ferne, drüben, am anderen Ufer, da will der Aal ins Netz, so geht die Sage.

Die Frauen und ich, wir machen einen Spieleabend. Wörter raten, Begriffe zeichnen, kneten, mimisch darstellen, Melodien summen. Herrschaften: Machen Sie niemals einen Spieleabend mit Frauen. Frauen sind schlauer, schneller, eloquenter und extrem abstraktionsfähig. Vor allem aber haben Frauen telekinetische Verbindungen untereinander. Die eine braucht nur ihren kleinen Finger leicht zu bewegen und alle kreischen: «Marlene Dietrich!» Das dauert keine Sekunde. Sie summen schief und schräg und kurz und alle rufen: «Vamos a la playa!» Wo ich drei Knetwürste erkenne, wissen die Damen, dass es sich um eine Luftmatratze handelt. Zwei mit verbundenen Augen gezeichnete Kreise werden sofort und richtig als Lichterkette erkannt. Ich verliere Spiel um Spiel, und irgendwann sehen wir aus wie die Protagonisten eines total schiefgelaufenen Dates. Ich mit glühenden Wangen kämpfend, die Damen gähnen derweil verstohlen.

Draußen donnert's, dann wird's kurz hell. «Sag mal, blitzt es da draußen?», fragt die Liebste, und ich attestiere Netzhautablösung. Trotzdem gehen wir mal gucken, öffnen die Tür und sehen direkt in die Sturmnacht. Die Birken biegen sich schlagseitig im Wind, nachtschwarz liegt der See unter einem zerrissenen Himmel. Schwerer Regen fliegt waagerecht vorbei. Kein Boot auf dem dunklen Wasser zu sehen. Die Frauen suchen Lampen und gehen zum Steg, mir kommt die Idee, einen lebensrettenden Leuchtturm zu basteln. Ich setze mich ins Auto, fahre es auf eine Anhöhe und blinke mit aktivierten Nebelscheinwerfern hinaus aufs Wasser, hinein in die Nacht.

Nach einer halben Stunde geben wir auf. Sitzen in der Küche, trocknen schweigend und starren aufs freudlose Spielbrett. Das Haus knarrt lautstark, die Bäume rauschen wütend, der Regen tobt durchs Blattwerk. Schritte auf der Veranda! Gelächter. Die Tür fliegt auf, Jan und Klaus! Am Leben!

«Fünf Aale!», rufen sie, nass und leuchtend.

Das Wetter, gar kein Thema, ach was, fünf Aale, das zählt. Bisschen rudern, bei Gewitter anlanden, später treiben lassen und dann von links am Ufer entlang rüber zum Steg. So einfach ist das. Und Schwalben haben sie angeschrieen. Einen ganzen Schwarm. Wenn man nämlich mit einem Boot auf dem Wasser ist, und die Schwalben fliegen tief, und man lässt dann kurz einen lautstarken Brüller los, dann kacken die Schwalben alle gleichzeitig ins Wasser, vor Schreck. Klingt wie Regen.

Am nächsten Morgen glitzern dampfende Wiesen vor dem Haus, hauchfeine Spinnennetze funkeln in der Morgensonne. Ich stehe auf der Veranda, trinke mit kleinen Schlucken heißen Kaffee und rauche. Diese Stille. Macht mich total nervös. Heute wieder entspannen. Imperativ. Ich könnte Birkenrinden kochen. Das habe ich als Kind mal in einem Buch gelesen. *Der Natur auf der Spur* von Hans Jürgen Press. Im Kapitel *Überleben in der Wildnis* wurde behauptet, dass Birkenrinden nach fünfstündiger Kochzeit genießbar wären. Ich könnte danebenstehen und ständig rühren.

Jan bremst das Auto scharf, Kies fliegt über den Rasen, er reißt die Tür auf und winkt mit Brötchentüte und Bildzeitung. «Fünf Aale!», ruft er lachend. Ich werde heute Abend auf die Birkenrinden verzichten müssen.

Kartoffelsalat mit Grüner Sauce und Würstchen
Für 4 Personen

ZUTATEN

1 kg fest kochende Kartoffeln
Salz
1 frisches Eigelb *(M)*
1 El trockener Weißwein
1 TL scharfer Senf
50 ml Sonnenblumenöl
50 ml Olivenöl
200 g Sauerrahm
1 Bund Schnittlauch
1 Beet Kresse
1 Bund Petersilie
1 Bund Kerbel
1 kleines Bund Sauerampfer
1 Bund Pimpinelle
1 kleines Bund Borretsch
Pfeffer
2–4 El Weißweinessig
8 Paar Frankfurter Würstchen

Zubereitungszeit: 30 Min.
(+ Zeit zum Kochen und Abkühlen der Kartoffeln)

ZUBEREITUNG

1. Die Kartoffeln schon einige Stunden zuvor in Salzwasser bissfest garen, kalt abschrecken und ganz auskühlen lassen.

2. Alle Zutaten für die Mayonnaise sollten Zimmertemperatur haben: Eigelb mit Weißwein, Senf und einer Prise Salz glatt rühren. Die Öle unter ständigem Rühren mit dem Schneebesen, erst tröpfchenweise, dann in dünnem Strahl zügig unterrühren. Die Mayonnaise mit Sauerrahm zur Salatsauce verrühren.

3. Schnittlauch in feine Röllchen schneiden. Die Kresse vom Beet schneiden. Die übrigen Kräuter entstielen, waschen, grob hacken und mit dem Schneidstab mit 5 El der Salatsauce fein pürieren. Mit Schnittlauch, Kresse und der übrigen Salatsauce glatt rühren. Mit Salz, Pfeffer und Essig kräftig würzen.

4. Die Kartoffeln pellen, in mundgerechte Würfel schneiden und mit der Salatsauce vermengen, 30 Min. ziehen lassen, dabei öfter rühren. Den Salat vor dem Servieren eventuell nochmals mit Salz, Pfeffer und Essig abschmecken und mit heißen Würstchen servieren.

TIPP

Der Salat schmeckt auch zu Grillfleisch, gebratenem Fisch, hart gekochten Eiern oder Räucherlachs sehr gut.

AFRIKA

Ich steige in das Taxi und nenne dem Fahrer die Straße, sortiere mein Gepäck und erkläre, in Taschen versunken, die Straße sei eine Einbahnstraße und nur von unten zu befahren. Ich suche mein Portemonnaie, immer verlege ich mein Portemonnaie, es verschwindet in den zahlreichen Möglichkeiten meines Mantels, meines Anzuges, versteckt sich gemeinsam mit dem Handy. Da ist es, ich blicke erstmals auf und habe auch Zeit für andere Sinne.

Wie es hier riecht. Es riecht so vertraut. Ein vergessener Geruch, Erinnerung riecht so, die Erinnerung an Großvater. Der alte Mann auf dem Fahrersitz riecht wie mein Großvater. Er trägt das graue Haar speckig an den Kopf gekämmt, das Lenkrad reibt an seinem Bauch, am grauen Hemd, die Lederweste knarrt in jeder Kurve.

Der Taxifahrer riecht wie mein Großvater. Großvater war ein schlanker Mann, der nie eine Lederweste getragen hätte, der Anzüge trug und weiße Kittel und zum Feierabend eine weiche Wollstrickjacke über dem weißen Oberhemd. Das ganze Taxi voll Großvatergeruch. Was erlaubt sich der alte Mann da vorne, zu riechen wie Großvater? Wie macht er das überhaupt, nur mit grauem Nachtfahrtenschweiß, Leder und Speck? Großvater roch nach Großvaters Parfüm. Großvaters Hände rochen nach Medizin, rochen wie die Flure eines Krankenhauses, seine Hemden rochen nach Bügelstärke, Hemden, die nur geduldige Kinderhände wieder weichkneten konnten. Seitlich auf Opas Schoß sitzend, an ihn gelehnt, um mich eine Mauer aus zwei gestärkten Hemdsärmeln und einem Kinderbuch, aus dem Opa vorlas, leicht näselnd, weil ich mit einer Hand seine Nase umfasste. Er hatte die größte Nase, die ich je gesehen hatte, ich musste sie einfach anfassen, zuhören und dabei mit der anderen Hand sein Hemd weichkneten, bis Oma seufzte.

Ich habe lange nicht mehr an Großvater gedacht, an seine Praxis mit den dicken, weichen Gummibärchen in einem großen Glas. All die Kinder mit gebrochenen Armen, mit Löchern im Kopf, mit tiefen Schnittwunden und aufgeschlagenen Knien bekamen ein Gummibärchen. Ich durfte so viele Gummibärchen haben, wie ich mit einer Hand aus dem Glas fischen konnte. Das waren, an geschickten Tagen, fünf Gummibärchen, und Großvater tauschte mir alle gelben und roten in grüne um. Die anderen Kinder konnten einem leidtun, Arm gebrochen, Loch im Kopf und nur ein Gummibärchen dafür, gelb oder rot.

Großvater fuhr nie Taxi, er fuhr Peugeot, aber nur am Wochenende. Während der Woche lief er den Weg von der Praxis nach Hause. «Laufen ist gut für den Kopf», sagte er immer, und dann spielten wir das Hinkespiel. Ein Bein auf dem Bürgersteig und eines auf der Fahrbahn. Nur an der Kaserne unterbrachen wir kurz, Opa wurde ernst, wir liefen Hand in Hand wieder auf dem Bürgersteig und er grüßte am Tor den Wachsoldaten: «Good evening», sagte Opa und hob seinen Hut, dann noch ein paar Schritte und wir humpelten weiter im Flutlicht der Kaserne über Stacheldrahtschatten auf dem Asphalt.

Zu Hause wartete Oma mit Wurstplatte und Kümmelbrot. «Good evening!», rief ich und kletterte auf meinen Barhocker neben der Prilblümchenleiste, Kümmelbrot toasten war meine Aufgabe. «Wann kommen Mama und Papa wieder?», fragte ich, nur um genau zu erfahren, wie viele Tage ich noch zum Gummibärchenfischen gehen konnte.

«Die sind noch zwei Wochen bei den Negern!», seufzte Oma und klackerte mit dem Messer im Mayonnaiseglas.

«Afrika!», rief Opa und blickte ernst in den dunklen Gemüsegarten vor dem Küchenfenster. Es klang, als wolle er noch etwas sagen, aber Oma klackerte sehr laut im Mayonnaiseglas. Opa hatte mir Fotos von Afrika gezeigt. Auf den Fotos sah man ihn oft in einem Zelt voller Krankenbetten stehen: «Das sind alles verwundete Soldaten», erklärte Opa, man sah aber nur ganz normale Männer in den Betten liegen. Die Bilder waren goldbraun. Einige Fotos deckte er beim Umblättern immer schnell mit der Hand ab. Ich wusste aber, wo das Fotoalbum lag. In der Kommode neben dem Fernseher, unterste Schublade. Die Männer waren wirklich verwundet. Das waren interessante Fotos.

Immer hat Oma gekocht. Ist in den Eiskeller und hat Gläser raufgeschleppt mit eingelegten Gurken, sehr saurem Kohl und gekochten Birnen. Ich durfte immer die Stahltür zum Eiskeller öffnen, der eigentlich *Luftschutzraum* hieß, Opa hatte mir das erklärt. Oma bevorzugte den Begriff *Eiskeller*. Im Eiskeller gab es auch Marmelade, Gläser mit verschrumpelten Früchten, Kartoffeln in einer Bretterhütte, und an dem Tag, als Mama und Papa aus Afrika zurückkamen, standen drei Torten im Eiskeller, zwei davon für Kinder!

Trotzdem gab es Streit, an dem Tag, als meine Eltern aus Afrika zurückkamen. Mutter schimpfte mit Oma: «Drei Torten für uns paar Hansel!», rief sie. Daraufhin beschwerte sich Oma über die viele Arbeit mit den drei Torten, die ewige Kocherei und die grüne Gummibärchenfarbe auf Opas Hemden. Mutter wurde sehr laut, und ich ging zu den Männern ins Wohnzimmer. Papa zeigte Opa Fotos von Afrika, Papa hatte alle Tiere von Afrika fotografiert. Die Bilder waren bunt. Dann zeigte Opa Papa seine goldbraunen Fotos aus Afrika, er deckte kein Bild ab und Papa wurde sehr ernst.

Beim Kuchenessen wurde nur sehr wenig gesprochen, und ich beschloss, den Eltern von der russischen Gefahr zu erzählen und der Notwendigkeit, uns mit Panzern zu schützen. Wenn wir Panzer kaufen und überall aufstellen, können die Russen gar nichts machen! Das hatte der Mann am Wochenende im Schlossgarten erzählt, Opa war mit mir in den Schlossgarten gegangen, und da hatte ein sehr dicker Mann mit komischer Stimme gesprochen und tausend Menschen hörten zu. Weil ich nichts verstanden hatte, erklärte mir Opa auf dem Rückweg beim Humpelspiel alles. Mit den Russen und den Panzern und dass der Mann ein Kriegstreiber sei und die Panzeridee sehr schlecht. Ich fand, der Mann hatte recht. Wenn die Russen kommen, brauchen wir doch Panzer!

«Das verstehst du noch nicht», sagte Opa, und ich fand, ich verstand das sehr gut. Sicher würden meine Eltern die Idee mit den Panzern auch gut finden.

«Franz Josef Strauß!», schrie meine Mutter, so laut wie ich sie noch nie hatte schreien hören. «Du warst mit meinem

Sohn bei Franz Josef Strauß!» Keiner hatte mehr Lust, Kuchen zu essen, und wir fuhren bald nach Hause. Im Flur gab Opa Mama hundert Mark. Mama sagte nicht Danke.

«Hallo! Hallo! Nummer 16 sagten Sie? Wir sind da!» Die Lederweste knarrt ungeduldig.

«Stimmt so», sage ich.

«Das sind acht Euro Trinkgeld!», ruft der Taxifahrer.

«Das war es wert», antworte ich leise, ziehe mein Gepäck aus dem Wagen und atme die kalte Nachtluft tief ein, die nach nichts riecht. Aber das kann natürlich auch nicht sein.

Eingemachte Gurken
Für 4 Gläser

ZUTATEN

4 Einkochgläser *(à 500 ml, siehe Tipp)*
1 kg Einlegegurken
150 g Schalotten
200 ml Weißweinessig
100 ml Weißwein
100 g Zucker
8 Wacholderbeeren
1 TL Fenchelsaat
1 TL Senfsaat
1 TL Salz
4 Zweige Dill

Zubereitungszeit: 45 Minuten

ZUBEREITUNG

1. Die Gläser mit Deckeln und Schraubverschlüssen in einem großen Topf mit ca. 5 cm Wasser zugedeckt 5 Minuten kochen, so werden die Gläser steril. Die Gurken gründlich waschen.

2. Schalotten pellen, in feine Scheiben schneiden und mit Essig, Weißwein, 400 ml Wasser, Zucker, Wacholderbeeren, Fenchelsaat, Senfsaat und Salz zugedeckt 5 Minuten kochen.

3. Die heißen Gläser trocken auf ein Gitter stellen, Gurken und Dillzweige einfüllen. Den heißen Würzsud gleichmäßig auf die Gläser verteilen und zuschrauben.

4. Die Gläser in eine Auflaufform stellen (die Gläser dürfen sich nicht berühren), heißes Wasser ca. 5 cm hoch angießen und in den Ofen schieben. Bei 175 Grad (Ober- und Unterhitze), auf der ersten Schiene von unten 30 Min. garen.

5. Die Gläser aus dem Ofen nehmen und kopfüber auf dem Gitter auskühlen lassen. Die ausgekühlten Gurken sollten mindestens drei Wochen ziehen, dann schmecken sie richtig gut. Kühl und dunkel gelagert halten sie mehrere Monate.

TIPP

Zum Einkochen eignen sich sowohl Einkochgläser mit Deckel und Schraubverschluss, wie auch Schnappverschlussgläser mit Gummiringen.

BEGEGNUNG MIT GOTT

Die betagte Hoteltreppe kündigte knurrend Großes an. Stöhnende Stiegen unter gewichtigen Schritten. Ich ließ meinen Zimmerschlüssel sinken. Langsam drehte ich mich um, der Boden vibrierte unter den roten Läufern, jetzt war ein Schnaufen zu hören, hinter der letzten Stufe tauchte ein bebendes Stückchen Weiß auf, das Weiß wuchs, wurde größer, länger, eine Kochmütze, darunter erschienen kleine, dunkle Augen unter dichten Brauen, ein seltsam vertrautes Gesicht. Ein imposanter Bauch drückte gegen die blauen Knöpfe einer ausladenden, stoffreichen Kochjacke, pfeifend pausierte der Riese auf der Gipfelschwelle, erholte sich kurz vom beschwerlichen Aufstieg und kam dann direkt auf mich zu.

Auf der Jackentasche der Kochuniform verriet ein geschwungener Schriftzug in den französischen Nationalfarben ihren Besitzer: *Paul Bocuse*. Die schmückende Inhaltsangabe wäre aber nicht nötig gewesen. Paul Bocuse sieht sich nämlich unglaublich ähnlich, stellte ich fest.

«Monsieur Bocuse», sagte ich.

«Oui», bestätigte Monsieur Bocuse.

Dann standen wir einander gegenüber. Nur so. Schweigend. Bocuse klapperte dynamisch mit seinem Schlüssel und blickte sehnsüchtig über mich hinweg zu seiner Zimmertür. Gerne hätte ich Herrn Bocuse vorbeigelassen. Ich konnte mich aber nicht bewegen. Plötzliche Gotteserscheinungen lähmen mich immer ein bisschen.

Die Gemeinschaft der Köche tut sich schwer mit ihren Göttern. Wie der Rest der Menschheit will man sich nicht so recht einigen. Zahlreich tummeln sich die weltlichen Gottheiten im kulinarischen Himmelreich, werden auserwählt und gestürzt, persönliche Vorlieben und Staatsangehörigkeiten prägen die oft fundamentalistische Gotteswahl, und nicht zuletzt der Mangel an Superlativen zur Beschreibung kulinarischer Höchstleistungen lässt Köche gern mal «Gott!» und «göttlich!» rufen, wenn's Bäuchlein spannt und der letzte Kelch geleert ist. Paul Bocuse aber, und da ist man sich dann doch so ein bisschen einig, gebührt der Platz des Göttervaters. Ein Zeus der Küche, in Rotwein gebadet, mit Butter gesalbt, auf Trüffeln gebettet, da geht man gerne auf die Knie und schiebt die anderen Heiligenbildchen ein bisschen zur Seite.

«Sind Sie ein Kollege?» Gott hakte nach.

«Oui», antwortete ich und hatte damit mein gesamtes französisches Vokabular verschossen. Dann fiel mir auf, ich hatte mich gerade auf eine Stufe mit Gott gestellt. Panik ließ mich übergangslos von der Lähmung in die Totenstarre gleiten. Die Quittung für meine bodenlose Selbstüberschätzung lieferte Bocuse mit seiner nächsten Frage: «Wie heißen Sie?» Ich überlegte kurz.

Ja, richtig, ich erinnerte mich. Stevan Paul. Mein Name war Stevan Paul. Auch auf Französisch. Was für eine Erleichterung! «Stevan Paul», rief ich, etwas zu laut. Jetzt überlegte Bocuse. Von Stevan Paul hatte er noch nie gehört. Aber Paul, ja, Paul, so hieß er ja auch, er schüttelte mir die Hand, nannte mich lachend seinen Namensvetter und ich reagierte mit einem geschwätzigen «Oui!» Dann schob er mich bei-

138

seite und verschwand in seinem Hotelzimmer. Ich wankte in das meine, wir waren Nachbarn.

Nachmittags auf der großen Weinprobe sah ich meinen Kollegen, Namensvetter und Zimmernachbarn wieder. Er hatte sich nicht umgezogen, oder er trug nie etwas anderes als die frisch gestärkte, scharf gebügelte Kochmontur. Viel zu früh hatte ich mich auf den Weg gemacht, vom Schlosshotel hinüber in die kühle Kelterhalle, einen beeindruckend großen Saal mit geschnitzter Holzdecke und schwerem Natursteinboden, mich an Kamerateams und Fotografen vorbeigequetscht und in der ersten Reihe Platz genommen. Langsam füllte sich der Saal mit Journalisten, Weinhändlern, Winzern und Fachpublikum, in andächtiger Stille und stiller Aufregung vereint.

Dann kamen sie, ein würdevolles Defilee kugelbäuchiger, französischer Götter in Kochjacken. Angeführt von Paul Bocuse schritten sie zur Tribüne, Pierre Wynants, Pierre Troisgros, Marc Meneau und Jean-Claude Bourgueil, alle mit Kochmützen gekrönt. Bocuse hatte die größte. Tosender Applaus, auch ich klatschte wie wild. Beinahe wäre ich aufgestanden. Ich konnte mein Glück nicht fassen, die Veteranen der französischen Spitzengastronomie, die hochdekorierten Sterneträger nahmen Platz, direkt vor meiner Nase.

Die Weinprobe begann. Mehrere erstklassige Beerenauslesen aus Deutschland wurden verkostet, nach jedem Durchlauf nannten die Sterneköche ihren Favoriten und erzählten, welche Speisen sie sich dazu vorstellen könnten.

Zwei Stunden und vierzig Beerenauslesen später ließ die Aufmerksamkeit manches Beteiligten nach. Bocuse, der direkt vor mir auf der Tribüne saß, zeichnete, völlig in sich versunken, selig lächelnd, irgendetwas auf eine Serviette. Ich griff hinter mich, hob mein Jackett ein wenig an und zog mir mit ruhigen, unauffälligen Bewegungen das Hemd aus der Hose, dabei blickte ich so konzentriert wie möglich auf meine Verkostungsnotizen. So müsste es klappen. «Entschuldigen Sie bitte», entschuldigte ich mich bei meiner Sitznachbarin, einer jungen, bildschönen Weinfachverkäuferin aus Idar-Oberstein, «ich muss mal kurz aufstehen, mir ist das Hemd …»

«Geht schon», lächelte sie und rückte ein wenig ab, ich befreite mich aus meinem Stuhl, stopfte umständlich das Hemd wieder an seinen Platz, dabei beugte ich mich sehr, sehr weit nach vorne. Ja, jetzt konnte ich einen Blick auf die von Paul Bocuse gestaltete Serviette werfen. Es handelte sich, recht ordentlich getroffen und gut zu erkennen, um ein Porträt der jungen, bildschönen Weinfachverkäuferin aus Idar-Oberstein. An Kleidung hatte Bocuse gespart, nackt rekelte sich meine Sitznachbarin auf der Serviette, dafür hatte der Künstler ihr eine geradezu verschwenderische Brustvergrößerung spendiert.

«Geht's?», fragte mich die unwissentlich Porträtierte, nachdem ich nun doch schon eine ganze Weile über den Tisch gebeugt in der Luft gehangen hatte.

«Doch, ja, Sie sind sehr schön», antwortete ich, und fügte noch schnell hinzu, «die Weine.»

Der letzte Durchgang und damit der Höhepunkt der Weinprobe nahte, freundliche Winzer hatten für diese Veranstaltung die letzten Flaschen eines überragenden Jahrgangs Beerenauslese geöffnet. Ein Geschenk. Es wurde geschnüffelt und gesüffelt, die Götter lobpriesen zu Recht die edeln Tropfen. Dann meldete sich Bocuse zu Wort.

Der Dolmetscher übersetzte erst einmal nicht. Er suchte nach Worten. Die Menschen im Saal, die der französischen Sprache mächtig waren, saßen bereits aufrecht angenagelt auf ihren Sitzen. Hatten sie richtig gehört?

Der Dolmetscher erinnerte sich dann doch noch seiner Aufgabe und übersetzte mit Leidensmiene die Beurteilung des Herrn Bocuse: «Herr Bocuse sagt, er habe gerade alle vier Weine in ein Glas gegossen, so vermischt seien sie durchaus trinkbar, und er empfehle den Winzern, das auch mit den restlichen Flaschen zu tun.» Irgendwo fiel eine Stecknadel zu Boden.

«Une plaisanterie!» *Ein Scherz,* polterte Bocuse in die Stille. Nur eine Stunde später traf sich die beerenauslesebeschwingte Gesellschaft wieder zum Festessen im großen Saal. Im Rund waren sechs Tische für je acht Personen aufgestellt, und in der Mitte des Saales, umgeben von einer fünf Meter breiten Bannmeile, der Table d'honneur, der Platz, an dem die Götter speisten. Von allen Plätzen aus war eine gute Sicht auf den Ehrentisch geboten, ein bisschen wie in Hagenbecks Tierpark. Ganz ohne Zäune und Gitter, aber mit einem räumlich großzügigen Sicherheitsabstand, konnte ich während des Essens die höchst seltene Spezies des *Deus culinae gallicus stellis ornatus* bei der Nahrungsaufnahme bestaunen. Ich wollte herausfinden, wie die Sterneköche das

Essen beurteilten, versuchte, in ihren Gesichtern zu lesen, ob es ihnen schmecke.

Plötzlich gab es nichts mehr zu lesen. Gegen 23 Uhr fiel Bocuse der Kopf auf die Brust, er ruhte sanft auf dem soeben entstandenen Doppelkinn, das Dessert hatte er nicht angerührt. Er schlief, und der Sandmann schien Amok zu laufen am Table d'honneur. Der Reihe nach entschliefen: Pierre Troisgros, gefolgt von Monsieur Wynants. Bocuse und Troisgros lieferten zudem ein lautes Duett sägender Tafelmusik. Monsieur Meneau kämpfte tapfer gegen den Schlaf, Jean-Claude Bourgueil war wach und bewarf seine schlafenden Kollegen belustigt mit Baguette-Krumen. Keiner der Gäste im Saal ließ sich etwas anmerken, der Rauchsalon war allerdings schnell überfüllt, von dort war befreites Lachen zu vernehmen.

Die Götter erwachten, als der Kaffee serviert wurde, winkten ab und verschwanden auf ihre Zimmer. Gegen drei Uhr in der Nacht kroch auch ich in mein Schlafgemach. Durch die Wand konnte ich meinen berühmten Zimmernachbarn noch lange bei umfangreichen Laubsägearbeiten belauschen.

Birnenbeignet mit Beerenauslese und Ziegenfrischkäsecreme

Für 2–4 Personen

ZUTATEN

225 ml Beerenauslese

1 TL Speisestärke

80 g Ziegenfrischkäse

1 EL flüssiger Honig

1–2 EL Vollmilch

400 g reife Birnen

Saft einer halbe Zitrone

2 Eier *(M)*

Salz

60 g Puderzucker

40 g geschmolzene Butter

75 g Mehl

Öl zum Ausbacken

Puderzucker zum Bestäuben

Zubereitungszeit: 45 Minuten

ZUBEREITUNG

1. Für den Weinsirup 150 ml Beerenauslese aufkochen. Weitere 25 ml Wein mit Speisestärke verrühren und in die kochende Flüssigkeit einrühren. Einmal aufkochen, in eine

Schüssel umfüllen und unter gelegentlichem Rühren vollständig erkalten lassen.

2. Ziegenfrischkäse mit Honig und Milch cremig rühren und kalt stellen. Birnen in 1 cm runde Scheiben schneiden, Kerngehäuse ausschneiden oder ausstechen, die Birnenringe mit Zitronensaft vermengen.

3. Eier trennen. Mit dem Handrührgerät das Eiweiß mit einer Prise Salz steif schlagen, kalt stellen. Mit dem Handrührgerät das Eigelb mit Puderzucker cremig rühren. 50 g Wein und die geschmolzene Butter einrühren, dann das gesiebte Mehl unterrühren. Das Eiweiß unter den Teig heben.

4. Die Birnenringe portionsweise durch den Teig ziehen, leicht abtropfen lassen und in einer großen Pfanne in stehendem Öl, bei mittlerer Hitze in 2–3 Minuten goldbraun ausbacken, dabei einmal wenden. Auf Küchenpapier abtropfen lassen.

5. Ziegenfrischkäsecreme und abgekühlten Weinsirup kreisförmig dekorativ auf Teller träufeln und die Beignets mittig anrichten, eventuell mit Puderzucker bestäuben und sofort servieren.

TIPP

Die angebrochene Beerenauslese gut gekühlt (10–12 Grad) zum Dessert servieren.

FRAU SPROTTE UND DER DICKE JENSEN

Frau Sprotte verbrachte die letzten Jahre ihres Lebens überwiegend liegend. Ihre üppigen Rundungen ausgestreckt auf rotem Samt, blinzelte sie gelassen in das Leben, draußen vor der Tür. Gelangweilt folgten ihre Augen den Containerschiffen und Ausflugsdampfern, die langsam über die Elbe zogen. Frau Sprotte lag mittig auf dem Läufer, der zum Restaurant führte und sie dachte nicht daran, für irgendwen Platz zu machen. Wer hineinwollte in die Fischküche, musste an ihr vorbei, nein, über Frau Sprotte hinweg. Schon drei Bürgermeister hatten gelernt, die Beine zu heben, schwer parfümierte Verleger-Gattinnen gingen entzückt in die Knie, muskulöse Luden bestachen die haarige Fellrolle vergebens mit überdimensionierten Hundekuchen, die sie ihren Kampftölen entwendet hatten. Frau Sprotte ließ alles teilnahmslos geschehen. Mit emphatischer Altersruhe ignorierte sie die Zögerlichen, die entfesselten Fellkrauler, die Hundekuchenlieferanten. Sie ignorierte auch die große Zahl ihrer Verehrer, die sich vor der Türe einfanden, verliebte Schäferhunde, nervöse Doggen, mutige Dackel aus der Nachbarschaft, die vor Geilheit lechzend ihre üppigen Rundungen studierten. Frau Sprotte war das rüde Werben herzlich egal, Frau Sprotte hatte nur eine Liebe, den dicken Jensen, ihren Herren und Meister. Nur für ihn setzte sich die beleibte Rauhaardackeldame in Bewegung.

Der dicke Jensen hatte als junger, dünner Jensen die Netze

heruntergelassen, zwischen Hamburg und Cuxhaven, grau-grün und silbern glänzende Stinte aus der Elbe gezogen, Aale gefischt und Zander, die er dann gemeinsam mit seiner Frau am Hafen verkaufte. Als der Krieg kam, schickte Jensen seine Frau zu Verwandten nach Elmshorn. Dort auf dem Land erhellte das brennende Hamburg nachts den Himmel. Jensen selbst verbrachte den größten Teil des Krieges als vergessener Soldat in einem vergessenen Dorf unweit der Atlantikküste, spielte hemdsärmelig Karten mit den Franzosen, flirtete mit deren Töchtern und lernte zu kochen. Als er heimkehrte, war sein Kutter nicht mehr da und die Lust am Elbfischen auch verschwunden. Für kleines Geld kaufte er eine Trinkstube am zerbombten Hafen, baute auf, baute an, renovierte und eröffnete ein Fischrestaurant. Sein Fischrestaurant. Lustvoll verging sich Jensen bald an der traditionellen Küche seiner Heimat. Statt Labskausmatsch servierte Jensen den zunächst aufrecht empörten Hanseaten zart gekochte Rindfleischscheiben in einer würzigen Bouillon, mit dampfendem Heidekartoffel-Mus und Rote-Bete-Salat mit feinen Heringsstücken. Das Gericht krönte ein im Essigsud wachsweich pochiertes Hühnerei. Jensen machte selbst vor dem klassischen Grünkohl nicht halt, statt fettschwitzender Würste und glibbernder Schweinebacken auf dumpfem Graugemüse servierte er kross gebratene Zanderfilets zum rahmigen Grünkohl in Dijonsenfsahne, die er mit einem Hauch Aquavit parfümierte. Die Hamburger Bürger erwiesen sich als äußerst lernfähig, Jensen wurde berühmt, dick und kurzatmig. Auf Anraten seines Arztes gab der dicke Jensen den Kochlöffel irgendwann an seinen Ältesten ab und kaufte sich einen Hund. Zum Spazierengehen.

Frau Sprotte und der dicke Jensen unternahmen fortan dreimal die Woche einen ausgedehnten Spaziergang. Die fortgeschrittene Fettleibigkeit des Herrchens zwang die beiden zu kleinen Schritten. Das kam Frau Sprotte sehr entgegen, auch sie hatte es mit den Jahren zu beachtlichem Leibesumfang gebracht, beim Gehen schleifte ihr behaarter Bauch schon leicht auf dem Asphalt, in gemächlichem Tempo war das aber durchaus noch zu ertragen. Bordsteinkanten waren trotzdem eine Herausforderung, die Route wurde möglichst hindernisfrei gewählt. Das Ziel war klar. Gemeinsam wackelte das Paar den Pepermölenbek hinauf auf die Reeperbahn zu einem Spezialitätengeschäft in der Nähe des Hans-Albers-Platz. Die Betreiberin Madame Charlotte war Französin, bei der Herrchen hinter den lilafarbenen Sichtblenden des Eingangsbereiches verschwand und sich im Hinterzimmer seiner schönen Zeit an der Atlantikküste erinnerte. Frau Sprotte schwieg stets loyal über das Ziel ihrer wöchentlichen Reisen.

Zurück im Restaurant hatten die Spaziergänger dann immer mächtig Hunger, gegen fünf Uhr betrat der dicke Jensen nebst Begleitung die Küche des Restaurants und fragte mit der Stimmtiefe eines französischen Chansonniers nach dem Personalessen. Egal, was sein Sohn antwortete, jedes Mal winkte der dicke Jensen ab: «Brat mir eenfach een scheun Fisch, mit ornlich Bodder und Katüffel bei.» Eilig wurde nur der frischeste Fisch filetiert, in schäumender Butter gebraten und mit reichlich Petersilie gesegnete Kartoffeln dazu geschwenkt. Die Wartezeit überbrückten der alte Jensen und Frau Sprotte mit einem kleinen Abstecher in die Patisserie. Eine Neuerung, die sein Sohn eingeführt hatte, es gab jetzt auch eine Dessertkarte, die der alte Jensen verachtete: «Ne Rode Grütt un Schlaggermaschü, mehr brukt dat nich oppem Disch för anstännige Lüd.» Nur die hausgemachten Pralinen, die interessierten den dicken Jensen doch sehr. In stundenlanger Feinarbeit hatte sein Sohn unzählige Pralinen gefüllt, gerollt und mit zarten Schokoladenschwüngen kunstvoll dekoriert. «Segg ma, hest noch maal wedder Pralinen, min Jung?», fragte Jensen seinen Sohn jeden Abend, eher eine rhetorische Frage, um das Bitten zu umgehen, natürlich hatte sein Junge Pralinen und er verabschiedete sich jeden Abend, äußerlich gefasst, von zwölf seiner Kreationen. Sechs für den Vater und weitere sechs Stück für Frau Sprotte, die dafür sogar ein leichtes Hüpfen andeutete.

Nur einmal verpassten die beiden das Abendessen, an diesem Tag, an dem Frau Sprotte ihren Herren fast getötet hätte vor lauter Liebe. Auf dem Hans-Albers-Platz stürzte der dicke Jensen über eine Bordsteinkante, fiel taumelnd auf den Rücken, ließ die Leine los und lag, mit Armen und Beinen rudernd wie ein gigantischer Käfer, hilflos auf den Pflastersteinen, unfähig, von alleine wieder auf die Beine zu kommen. Zwei Straßenkehrer und ein unbeschäftigter Kontaktbeamter der Polizei eilten zu Hilfe. Frau Sprotte blickte verwirrt auf ihr hilfloses Herrchen und dann wieder zu den herbeieilenden Menschen. Sie beschloss, dass es sich hierbei um einen Angriff handeln müsse. In dieser Notsituation wuchs Frau Sprotte über sich hinaus, stürzte sich auf den ersten Angreifer und biss sich im Arm des Straßenkehrers fest. Er blutete stark, die Helfer wichen zurück, die Bewegungen des dicken Jensen wurden schwächer. Frau Sprotte zeigte Zähne. Die zweite Angriffswelle, Ablenkungsmanöver durch unverletzten Straßenkehrer plus Zugriff von hinten durch die örtliche Polizeikraft, wurde ebenfalls blutig niedergeschlagen. Frau Sprotte bewegte sich mit katzenartiger Geschwindigkeit und der tödlichen Eleganz eines Leoparden, ihr Herr und Meister bewegte sich nicht mehr.

In diesem Moment bog Madame Charlotte um die Ecke, erkannte ihren Stammkunden, ließ ihre Einkaufstüten fallen, rannte zu Jensen und legte seinen Kopf in ihren Schoß. Zärtlich strich sie ihm das Haar aus dem verschwitzten Gesicht, «Qu'est-ce que tu fais, mon petit chou?», flüsterte sie erschrocken. Frau Sprotte leckte ihr dankbar den Handrücken. «Das ist Monsieur Jensön von die Fischküsche», erklärte Madame Charlotte dem Polizisten, der diese Information mit hochgezogenen Augenbrauen an sein Funkgerät weiter gab. Frau Jensen, die kurze Zeit später mit ihrem Sohn auf dem Hans-Albers-Platz eintraf, bedankte sich herzlich bei Madame Charlotte, der furchtlosen Retterin ihres Mannes. Warum Frau Sprotte ausgerechnet und ausnahmslos nur Madame Charlotte zum Gestrauchelten vorgelassen hatte, blieb ungeklärt und wurde allgemein als Wunder betrachtet. Einen so erhellenden wie sachdienlichen Hinweis zur Klärung dieses Wunders verkniff sich der wissende Ordnungshüter aus Gründen der Menschlichkeit. Die Frauen nahmen sich in die Arme und drückten einander fest. Beide mussten ein bisschen weinen, vor Erleichterung.

Tatsächlich motivierte der Vorfall den dicken Jensen und es gelang ihm im Laufe der folgenden Monate ein beachtlicher Erfolg bei seinen Bemühungen um Gewichtsreduk-

tion. Beherzt hatte er die Laufstrecke um eine großen Extra-
kurve über den Fischmarkt erweitert, er bestellte zum
Abendessen einen Salat in der Küche und statt der Pralinen
kaute er zuckerfreie Gummibärchen aus Fruchtsaft. Das war
nicht Frau Sprottes Welt. Beleidigt verwehrte sie immer öfter Herrchens Bitten um Spaziergangsbegleitung, verließ ihren Platz auf dem Läufer nur noch für die kleinen Geschäfte des Tages und einmal am späten Nachmittag, pünktlich
um fünf Uhr, schlich sie allein in die Küche, baute sich fragend in der Patisserie auf und der junge Jensen reichte ihr
die weniger schönen Pralinen, die er für sie gesammelt hatte. Mit geschlossenen Augen lag Frau Sprotte dann auf dem
roten Läufer, lauschte dem geschäftigen Klappern der Töpfe
und Pfannen, den hektischen Kommandos der Kellner, den
fröhlichen Stimmen aus dem Restaurant und kaute feinste
Schokoladentrüffel.

An dem Tag, an dem Frau Sprotte ihre Nachmittagsver-
abredung verpasste, waren die Hafenkräne und Masten mit
Gold bestrichen, silbern schimmerte die Elbe unter der klaren Herbstsonne, die Schiffe schwammen in geschmolze-
nem Zinn. Der kühle Wind blies ein paar bunte Blätter hinein zu Frau Sprotte und über sie hinweg, ein Zittern durchlief
ihren Körper. Um zwanzig nach fünf sah der alte Jensen
nach Frau Sprotte, streichelte noch ein paar Minuten ihr
graugelbes Fell, hob sie zärtlich hoch und trug sie hinaus.
Der Weg ins Restaurant war frei.

Earl-Grey-Tee-Trüffel mit Cranberrys
Für ca. 35–40 Trüffel

ZUTATEN

50 g getrocknete Cranberrys *(wahlweise Rosinen)*
50 ml Kirschbrand *(wahlweise Grappa)*
300 g Zartbitter-Kuvertüre *(Kakaogehalt 55 %)*
150 ml Schlagsahne
1 EL Earl-Grey-Tee
2 EL echtes Kakaopulver

Zubereitungszeit: 25 Minuten
(+ Zeit zum Ziehen und Abkühlen)

ZUBEREITUNG

1. Die Cranberrys in einer Tasse mit dem Kirschbrand zwei Stunden ziehen lassen. Die Kuvertüre sehr fein hacken oder hobeln und in eine Schüssel geben.
2. Die Cranberrys absieben und fein hacken, den Kirschbrand in einem kleinen Topf aufkochen und 1 Minute offen kochen lassen. Die Sahne zugeben und einmal aufkochen. Topf vom Herd nehmen, den Tee zugeben, und 4 Minuten ziehen lassen.
3. Die Teesahne durch ein Sieb direkt über die gehackte Kuvertüre gießen und 1 Minute stehen lassen. Dann mit einem Kochlöffel vom Rand her umrühren, bis sich die Kuvertüre

vollständig gelöst hat. Die Cranberrys einrühren und die Trüffelmasse bei Zimmertemperatur vollständig abkühlen lassen.

4. Die kalte Trüffelmasse mit einem Kochlöffel kurz durchrühren und in einen Spritzbeutel mit Lochtülle Ø 10 mm füllen. Ein Blech mit Backpapier auslegen und pralinengroße Häufchen aufspritzen. Im Kühlschrank erkalten lassen.

5. Die erkalteten Häufchen mit Kakaopulver bestäuben und rasch zwischen den Handflächen rund drehen. Nochmals in Kakaopulver wälzen.

TIPP

Die Pralinen können auch in fein gehackten Nüssen, grünen Pistazienkernen oder gefärbtem Zucker gewälzt werden. Auch einzelne Schoko-Kaffeebohnen oder essbares Blattgold eignen sich zur Dekoration der Pralinen. Kühl, dunkel und trocken gelagert halten die Pralinen mehrere Tage.

Englands liebster Deutscher

Mit 16 ging Moritz Volz nach England, um in der Premier League Fußball zu spielen – und blieb elf Jahre. Er wurde, was sich Engländer nicht vorstellen konnten: ein Deutscher, der sie zum Lachen bringt. Mit feiner Ironie und genauem Blick für das Skurrile und Schöne erzählt Moritz Volz von seinem Leben in London: Begegnungen mit englischen Handwerkern und deutschen Touristen, britischem Humor, Londoner Pubmannschaften und seinem Versuch, Kricket zu verstehen. Eine Hommage an eine schillernde Weltstadt und ein kauziges Land.

«Er beobachtet scharf und spießt das Kuriose des Alltags, das Absurde der Klischees auf.» *Die Zeit*

rororo 62834

«Was gibt's Neues?»

Willkommen in Steffis Schlemmerbistro!

Jeden Morgen treffen sich hier der Frührentner Herr Ahlers («Ja, dat tut ja nix zur Sache.»), der arbeitslose Udo («Das kannst haben.») und Opa Gehrke («Steffi, machst mir'n Mettbrötchen?») um aktuelle Themen durchzukauen – mit trockenen Kommentaren, deftigem Humor und leckeren Missverständnissen.

rororo 62778

Eine etwas andere Landjugend

Die Liebhaber seiner Mutter, Rentner, die zu Trinkern werden, alternde Imbissbesitzer, Aussteiger, die es nur bis an die Ostsee schaffen – Maximilian Buddenbohm hat in seiner Jugend in Travemünde eine Menge skurriler, liebenswerter und merkwürdiger Menschen kennengelernt. Über diese Menschen und über die Nöte und Freuden eines Heranwachsenden schreibt er lakonisch, witzig und pointiert.

rororo 62680

Das für dieses Buch verwendete FSC®-zertifizierte Papier
Lux Cream liefert Stora Enso, Finnland.